《家长阅读》
丛书

助孩子养成好习惯

《家长阅读》丛书编委会◎编

河海大学出版社
HOHAI UNIVERSITY PRESS
·南京·

图书在版编目(CIP)数据

帮助孩子养成好习惯 /《家长阅读》丛书编委会编
. --南京 ：河海大学出版社，2023.4
(《家长阅读》丛书)
ISBN 978-7-5630-8223-0

Ⅰ. ①帮… Ⅱ. ①家… Ⅲ. ①家庭教育—研究—中国
Ⅳ. ①G78

中国国家版本馆 CIP 数据核字(2023)第 073873 号

书　　名	帮助孩子养成好习惯 BANGZHU HAIZI YANGCHENG HAOXIGUAN
书　　号	ISBN 978-7-5630-8223-0
责任编辑	吴　淼
责任校对	丁　甲
封面设计	徐娟娟
出版发行	河海大学出版社
地　　址	南京市西康路 1 号(邮编:210098)
电　　话	(025)83737852(总编室) (025)83722833(营销部) (025)83786652(编辑室)
经　　销	江苏省新华发行集团有限公司
排　　版	南京布克文化发展有限公司
印　　刷	江苏农垦机关印刷厂有限公司
开　　本	880 毫米×1230 毫米　1/32
印　　张	2.75
字　　数	60 千字
版　　次	2023 年 4 月第 1 版
印　　次	2023 年 4 月第 1 次印刷
定　　价	15.00 元

《帮助孩子养成好习惯》编委会

前　言

家庭是社会的基本细胞，家庭承载着国家与民族的前途和希望。“天下之本在国，国之本在家”“家和万事兴，家齐国安宁”。以习近平同志为核心的党中央高度重视家庭、家教和家风建设。在2018年全国教育大会上，习近平总书记对家庭教育作了“四个第一”的精辟概括。他指出，家庭是人生的第一所学校，家长是孩子的第一任老师，要给孩子讲好“人生第一课”，帮助扣好人生第一粒扣子。在2015年春节团拜会上，习近平总书记谆谆告诫大家：不论时代发生多大变化，不论生活格局发生多大变化，我们都要重视家庭建设，注重家庭、注重家教、注重家风，紧密结合培育和弘扬社会主义核心价值观，发扬光大中华民族传统家庭美德，促进家庭和睦，促进亲人相亲相爱，促进下一代健康成长，促进老年人老有所养，使千千万万个家庭成为国家发展、民族进步、社会和谐的重要基点。

2021年10月23日，第十三届全国人民代表大会常务委员会第三十一次会议通过了《中华人民共和国家庭教育促进法》（以下简称《家庭教育促进法》），标志着家庭教育真正地由“家事”变成“国事”。

认真学习习近平总书记对家庭教育的系列重要讲话精神，全面贯彻落实《家庭教育促进法》，进而实现中华民族伟大复兴的中国梦，是我们编纂《家长阅读》丛书的初衷。

坚持科学性、知识性、趣味性，立足高品位，弘扬正能量，博采天下家教精华，读者朋友喜闻乐见，成为“家长的益友，家教的良师”，是《家长阅读》丛书的编纂宗旨，也是《家长阅读》丛书不懈追求的目标。

家庭教育是一切教育的基础。家庭教育决定孩子的未来。走进新时代，如何做一名合格的家长，是每一位负责任、有担当的家长不能回避的问题。

为国教子，是新时代家庭教育的价值取向。坚持为家教子与为国教子的有机统一，坚持个人成长与社会进步的有机统一，万户千家共同发力，各方能量竞相叠加，才能形成民族前行的磅礴之势。

立德树人，是新时代家庭教育的核心要义。家长要善于掌握规律，科学育德，灵活育德，根据新时代儿童成长特点，培养孩子高尚的操守和优秀的品格。

以身垂范，是新时代家庭教育的基本方法。家长要秉持正确的世界观、人生观、价值观，谨言慎行，防微杜渐，言传身教，做好表率。

本套丛书的编纂工作，得到河海大学出版社的鼎力支持，国内著名家庭教育专家赵忠心、赵刚、卢勤、王大龙等老师也倾力相助，在此谨致衷心的感谢！

《家长阅读》丛书编委会

目　录

第1章　家教视点

引言：习惯是什么？习惯是一个稳定的甚至是自动化的行为倾向。习惯有好坏之分。坏习惯是一种掩藏不住的缺点，别人都看得见，自己却看不见，因为它就是一个人潜意识的、自动化的行为。习惯是人生之基础，也决定了人生之成败。作为孩子第一任老师的家长们，谁都不愿让孩子输在起跑线上，而赢得人生成功的秘诀之一便是使孩子养成好的习惯。本书特邀国内知名学者、专家，就如何培养孩子的好习惯，提出真知灼见，值得一读，相信您必定会有所收获。

培养孩子好习惯是父母的必修课

家庭教育是否成功在于孩子有没有养成好习惯。孩子正处于学习时期，这时既是培养良好学习、生活习惯的重要阶段，也是学习习惯走向稳定的最佳时期。著名教育家叶圣陶先生说过："教育是什么？往简单方面说，只需一句话，就是要养成良好的习惯。"青少年研究专家孙云晓老师也说："习惯决定孩子命运。"由此可见，培养孩子良好的习惯是多么重要。

良好的习惯关系到孩子的终身发展。好习惯不仅是一种规范,更是孩子做事的一种方式。良好的习惯是养成良好品质的基础,它能为学生的终身学习带来保障,使学生终身受益。

良好的习惯是学生身心健康的需求。儿童时期是身体发育成长较快的时期。学生学习姿势端正与否,生活起居是否有规律,不仅仅影响到学习,而且影响到学生身体的正常发育。因此,务必重视良好习惯的培养,尽量避免近视、斜视、弯腰、驼背等现象的发生。

良好的习惯是学习新知识的需要。目前倡导学生能够自主、合作、探究式学习,这意味着学生的学习习惯不仅包括一般的写字习惯、阅读习惯、独立完成作业的习惯等,还有更多的内涵,如课堂提问、多向思维、独立思考、大胆发言等习惯。

因此,培养孩子良好的学习、生活习惯十分重要。在孩子小的时候,就要注重习惯培养,真正做到从小做起,从小事做起,从点滴做起。孩子的良好习惯有很多方面,如诚实不说谎、文明讲礼貌、爱阅读、不挑食等等,我们可以从生活习惯、学习习惯、文明行为习惯等方面去培养孩子良好的习惯。针对目前孩子的实际情况,下面几点希望大家重视。

要让孩子学会倾听。有时候,听比说更重要。目前,老师教授的知识大多以讲授的形式传递给学生,所以,孩子在课堂上要专注听讲,听清楚,边听边思,想明白,举一反三,这样才能掌握知识。同时,还要倾听同学的发言,取人之长。这也是我们平时所说的"学习关键在课堂"的道理。

要养成认真书写的习惯。字是一个人的门面,写好字一生受益，所以每个孩子都要写好字，从写工整，到写规范、写美观，行款整齐。写字虽然不是考试内容，但直接影响应试的成绩。一次考试，如果因为阅卷老师看不清楚作答字迹而失分，这是十分可惜的，对学生影响也非常大。

同时，还要养成做完作业再玩的习惯，做完作业后检查的习惯，与他人讨论的习惯，向他人请教的习惯，等等。我们调查一些成绩优秀的同学后发现，他们都能按老师要求做到位，大多有课前预习、整理错题本、归类整理知识等良好习惯。

要重视孩子的文明礼仪习惯、安全习惯。在社会上，要遵守交通规则等社会公德，平时要注意礼仪，要学会与他人沟通、交流和相处。

当孩子慢慢长大，要想进一步提高孩子的学业水平，就不是仅仅靠勤奋可以解决的了，而是要培养孩子良好的思维习惯和学习习惯。

让孩子养成做事有条理的习惯。孩子思考问题和做事的条理性要从生活中开始训练，生活有条理，反映出头脑思维的条理清晰，反之亦然。在生活中，我们可以让孩子从书包的整理和书本、文具的摆放做起，房间的收拾、衣物的整理和收放、小书桌上的条理、生活物品按类摆放等各个方面都要做到井井有条，形成做事有条理的好习惯。

在学习方面同样要做到有条理，学会对某一章、某一节的知识进行归纳整理，形成笔记。思维的系统性能帮助孩子建构知识之树，从而使孩子考虑任何问题，都能从知识结构的整体出发，准确定位，处理好整体和局部的关系。

孩子的行为是思维的反映，同时优良的思维也会调整孩子的行为。思维有了条理，孩子才会学会合理安排学习，归纳学习方法，总结学习情况，做到时时、天天、周周有计划，理清学习头绪。

让孩子养成提问的习惯。学习中，要设法使孩子学会追根问底，能深一层次思考问题，不但要“知其然”，更要“知其所以然”。比如说，“三教九流”中的“三教”“九流”是哪“三教”、哪“九流”？“六亲不认”中的“六亲”是哪“六亲”呢？鼓励孩子追根究底，凡事都要去问个为什么，从司空见惯的现象中发现问题，摒弃死记硬背。再比如，俗话说“春雨贵如油”，又是为什么呢？让孩子随时记下自己的问题、思考与发现，一定会培养出孩子的问题意识与探究意识。

让孩子养成多角度思考问题的习惯。要让孩子养成从不同的角度、方面，按照不同的方法来思考和解决问题的习惯。我们可以就一个问题与孩子讨论，从不同的角度展开思维的空间，如作文的选材要兼顾校园内外，要考虑古今中外，涉及家庭、学校、社会，看问题要看到事情的正面与反面。鼓励孩子的求异思维，打开孩子的思路。

同时，和孩子讨论、尝试思考问题的不同方法。如“司马光砸缸”这个故事里，小孩掉进水里，司马光救人的方式，是什么原理呢？通过讨论类似问题，培养孩子逆向思考的习惯。

所有好习惯都不是天生的，孩子的习惯培养也不是一朝一夕的事情。在培养孩子的习惯方面，我们可以尝试下面的方法。

设计策略，给好习惯培养创造适宜的条件。

好习惯的培养没有那么容易，需要长期的过程。我们可以设计一些策略，给孩子好习惯的养成创造适宜的条件，让他比较容易地攀登到良好习惯的台阶上。比如，培养孩子阅读习惯，每次只要出门，就让孩子带个小书包，里面装上孩子喜欢读的书，让孩子知道，即使出了门，他后面的小书包里也是有一本最近喜爱的书的。其实，这就给了孩子一个心理暗示，使其比较容易养成阅读的习惯，而不是父母天天在家里逼孩子："你要看书，必须看书。"再如，培养孩子吃蔬菜的习惯，不要把所有饭菜一起摆到饭桌上，而要先把孩子必须吃但通常不喜欢吃的蔬菜端上饭桌，让他在食欲较好的时候先吃完蔬菜。通过设计这些策略，促进习惯渐渐养成。

搭建阶梯，给孩子适当的帮助。

孩子习惯的培养是一个渐进的过程，急不得。比如，想让孩子整理房间，父母可以给孩子列一个需要整理的物品清单，并教他操作方法。这样，孩子就知道怎么做了。父母给孩子适当的帮助，化难为易。

随时鼓励，和孩子一起寻找改进方法。

平时对于孩子，父母往往批评多，表扬少。看见孩子身上有什么缺点，总忍不住批评，希望他变得更好。其实，简单的批评是没有用的，我们应该帮助孩子对问题进行总结，查找原因，找到改进的方法。父母对孩子要多进行鼓励，当孩子在鼓励中不断意识到自己的优点时，这些好的行为就会固化成他的习惯。

培养孩子的好习惯，父母需要做的事情有很多，这是父母的必修课。

（房元品）

好习惯成就美好人生

“铁娘子”撒切尔夫人年少时，父亲就要求她做任何事必须奋勇直前、力争第一，就算是坐公交都必须坐前排。任何情况下，都不能抱怨，不能丧失信心，必须迎难而上。最终她用勇往直前、永不退缩的习惯，成就了自己的人生，成为英国第一位女首相。

撒切尔夫人曾说过一段十分经典的话：“注意你的习惯，因为它将变成性格；注意你的性格，因为它将决定你的命运。”可见，习惯真是太重要了，它最终将决定我们的命运。“积千累万，不如养个好习惯。”教育家叶圣陶先生的话也充分说明了好习惯的重要性。而孔老夫子则用“少成若天性，习惯如自然”提醒我们，必须帮助孩子从小养成好习惯，因为儿时养成的习惯，会像天性一样，深深地刻在骨子中。

那么，我们家长该如何帮助孩子养成好习惯呢？

首先，我们家长必须加强学习，拓宽眼界，不忽略那些重要的好习惯。

正常情况下，哪些是好习惯我们都知道，只是有些很重要的好习惯容易被疏忽掉，尤其是在当今“分数独尊”的现实之下。

比如说“言必信，行必果”。成年人的世界里经常有这样的情景——“改天请你吃饭”，结果改天改成了遥遥无期，我们并不觉得有什么不妥，因而也就想不起来教育孩子重承诺。

其实，我觉得守信是一个非常重要的好习惯。单位今年来了两位新同事，男孩子阳光帅气，女孩子胖墩墩，皮肤黑黄。可一段时间之后再提起他们，被啧啧称赞的变成了女孩。就是因为她靠谱——承诺的事情一定做到，实在有特殊情况没完成，她也会跟你道歉，并说原因。男孩子呢，则经常答应得爽快，然后就没有然后了。

所以，哪些是对孩子人生有益的好习惯，我们家长必须了然于胸、牢记在心，这样才能实实在在地帮到孩子。

其次，言传和身教，缺一不可，而身教更重于言传。

言传比较容易做到，就不细说了。不过，我们在言传的同时，最好耐心向孩子讲明白为什么要培养这个习惯、形成了这个习惯有什么好处。因为孩子明白了这些道理，更容易养成习惯。

比如说为了让孩子长得高一些，我曾经注重培养孩子的三个习惯——早睡；跳绳；早晨喝纯牛奶，晚上喝酸奶。我先跟他解释了这样做对于长高的益处，虽然他那时很小，听得似懂非懂。但是经常讲，时间长了，滴水穿石，他也就接受了。在行动上，我虽然没有完全做到这三条，但是我跟孩子说明了原因。

而对于其他一些成年人也必须遵守的好习惯，我在行动上绝对做到位，起到榜样的作用。比如"有错就改，勇于道歉"。虽然刚开始的时候，孩子才上幼儿园，但我们只要做错了——有时候是误解了他，有时候是犯了急躁的毛病，都会蹲下身，或者把他抱到腿上，平视他的眼睛，像对成年人一样真诚地说"对不起，妈妈误会你了，以后一定注意，请儿子原谅"等等。事实证明效果很好，现在孩子有了错从不推诿，说"对不起"也从不吝惜，很有男子汉风度呢。

关于身教这一块，我最佩服的是孔子的母亲颜徵在。孔子父亲去世的时候，颜徵在刚刚 18 岁。为了培养孔子的自强自立，她竟然毅然决然地拒绝了自己娘家的资助，仅仅靠做女红、养家禽，用柔弱的肩膀艰难地独自抚养儿子成人。这种身教的效果无疑是巨大的，不但影响了孔子的一生，也让我们中华子孙世世代代受益。

在言传身教这方面，最可怕的是我们家长嘴上一套，行动上却是另一套。比如教育孩子讲文明有礼貌，自己却出口成"脏"。我们一定要注意杜绝这种现象。

再次，积极营造培养好习惯的良好环境。

这方面最著名的例子当属"孟母三迁"了。为了培养孟子的好习惯，孟母将家从墓地附近搬到了市集，最后搬到了学校旁边，看到孟子向学生学习，养成了读书的习惯，才满意地久居下来。

其实，孔子那位伟大母亲颜徵在这方面做得也很棒。她认识到孔家那个复杂大家庭就像一块盐碱地，不利于孔子的成长。据说，在孔子父亲去世后，她立刻变卖了全部家当，带着孔子搬到了曲阜城内离宗府不远的地方，因为那里经常有祭祀。每一次祭祀，她都想方设法让孔子去观礼，耳濡目染，孔子自然就对枯燥的礼仪产生了一定的兴趣并形成了行为习惯，为日后著书立说奠定了基础。

这虽然都是古代的事例，但孩子的天性是一样的。他们可塑性极强，只有接触好的人、事、物才容易形成好的习惯。所以我们家长在帮助孩子培养好习惯的时候，也不要忽略了环境的影响。

最后，适时奖励，为孩子养成好习惯助力。

习惯的养成是一个漫长的过程，很流行的一个说法是需要 21 天，不过我感觉另一种说法似乎更切合实际——需要

66 天。这可是很考验一个人毅力的，何况是孩子？因此，适时的奖励就至关重要了，它是孩子前进的助推器。

这个奖励不拘形式，可以是热烈真诚的表扬，也可以是孩子喜欢的玩具、零食，或者是一趟孩子向往的旅行……总之，能达到激励的效果就好。只有持续不断地激励，孩子才有力量在这条养成好习惯的漫漫长路上，上下而求索，越走越远，最终到达成功的彼岸。

“习惯是一种巨大且顽强的力量，它可以主宰人生。”为了让孩子的人生美好，让我们帮助孩子从小就养成好习惯吧，因为“人生不过是无数习惯的总和”。

（朱洪昆）

给孩子一个终身受用的好习惯

“我们家孩子学习习惯不好，每天晚上放学回家，不论作业多少，都要先玩后做作业。”

“我们家孩子生活习惯不好，洗脚时脱下的袜子，都团成一团；衣服换下来，衣袖一只是外翻的，一只是藏在里面的，口袋里的面巾纸从不掏出来，弄得洗衣机里全是碎纸屑，每次洗衣服，我都要把他的衣服取出来，再重新整理一遍。”

“我们家孩子特没礼貌，从不知道主动叫人。”

这样的吐槽，在我们的家长群里、朋友圈里经常出现。吐槽的家长仿佛都还是一脸的无辜。其实，我们的家长还没有意识到，每一个“熊孩子”的背后，都站着一个，甚至是一排“熊家长”。孩子的习惯不好，是父母没有教好。因为父母是孩子的第一任老师，孩子养成什么样的习惯，绝大部分来自父母的言传身教、潜移默化。

后来，经过追踪了解到，上文那个脱衣服时喜欢塞衣袖，脱下袜子成一团的孩子，他的爸爸就有这样的习惯。

而那些放学回家不肯先做作业，非要先放松玩一会儿的孩子，他们的父母，下班回家，也是不急着做家务，也常常是坐在沙发上玩一会儿后，才迫不得已起来干活，做家务、做饭。

那些没有礼貌的孩子，他们的父母在家，称对方家里的兄弟姐妹，也常常是直呼其名，甚至，还有的称对方的父母为“你爸”“你妈”，显得有些无礼。

我们的一些过来之人，他们的孩子都已经成人，有的孩子还走上了工作岗位，但孩子仍然存在的一些不良习惯，影响了工作、待人接物。这时他们才醒悟过来，给孩子一个好习惯，真是太重要了，而当年，他们片面地认为，只要成绩好，一切都会改变，一俊遮百丑，现在看来，完全不是那么一回事。一个好习惯，比好成绩要重要百倍。

他们发出一个共同的呼吁：给孩子一座金山银山，不如给孩子一个好习惯。

孩子在小时候，一切都才刚刚开始，是一张白纸。这张纸上的画如何画，人生如何规划，这就是摆在我们所有家长面前教育子女的第一个问题，而且是最难、最重要的一道题。这人生第一笔，如何起笔，直接关系到孩子的一生。

上面诸例中“问题孩子”所涉及的家长，均是第一笔没落好。万丈高楼平地起，基础很重要。什么是基础？不是孩子的奥数解题能力，也不是孩子的英语水平，而是孩子的习惯。养成一个良好的习惯，才是为人生起好步、开好头奠定基础。

哪些习惯最重要？哪些习惯能受用一生？我们从不少家长的反思和实践中不难得出结论：在小学前培养良好的生活习惯，在小学阶段培养良好的学习习惯，在初高中阶段培养独立思考的习惯。这三个阶段养成的良好习惯，是递进的。养成这些习惯的孩子，低开高走，在成长路上一步一步上台阶。有了这些习惯，人生中无论有多少挑战，有多少风雨，他们都能从容应对，走过风雨，终见彩虹，实现人生的价值。

在小学前要培养良好的生活习惯。良好的生活习惯是健康人生的第一块基石，有利于人的健康成长、健康生活，这些习惯将伴随一生，并将起到至关重要的作用。良好的生活习惯包括热爱劳动的习惯，勤俭节约的习惯，健康的饮食和生活方式，尊重长辈，善良、有爱心等。这些良好的行为习惯的养成，需要我们家长当好孩子的第一任老师，表里如一，做好言传身教。

一个好家长不是天生的，而是需要学习的。我们家长要通过各种渠道学习，提升我们的教育能力，然后以身示范，并且当遇到孩子从外边学到一些不良的习惯时，还要及时予以指出，提供正确的引导和方法，及时纠正孩子的不良行为习惯，让孩子从我们家长身上看到的、学到的，永远都是正确的行为习惯，从而让良好的生活习惯在孩子幼小的心灵中牢固地扎下根。

小学阶段良好学习习惯的培养，有两个关键点要重视，并且要坚决执行。一是问，不懂就要问，一直问到拨云见日，悟透弄懂为止。培养孩子不懂就问的好习惯，这是探寻知识的关键一条。如何培养孩子这个习惯？家长要引导孩子多问为什么，自己回答不上来时，可以求助家长、老师和各类辅助学习工具，坚持“打破砂锅问到底”，不见“庐山真面目”决不收兵，决不罢休。二是行动，立即行动。对于不懂的问题，立即问，一疑一问，一询一答，立即解决。鼓励孩子立即行动，找出原因，家长积极引导、启发，帮助孩子动脑筋，切忌烦躁或不闻不管。这样的立即行动行为，同样体现在完成作业上，家长要力戒孩子在家做作业拖延磨蹭的习惯。孩子除了在学校学习以外，在家里也要有固定的学习时间，如放学后应先写作业后玩，或者晚饭后稍微休息一下便做功课，自觉学习，自觉完成作业，始终把学习摆在第一位，完成学习任务后，才能放心玩、开心玩。

在初高中阶段要培养独立思考的习惯。初高中阶段的孩子心智逐渐成熟，开始有了独立的思考能力。但在这个阶段，我们家长也渐渐变得力不从心，孩子的功课我们看不懂了，作业也没办法辅导了，一切都需要孩子去独立解决，我们家长，更多的是做好后勤服务工作。我们要和孩子沟通，进行分工，家长负责生活，孩子负责学习。在这个阶段培使孩子养成独立思考的习惯，形成独立解决问题的能力，会对孩子今后升学、工作、创业起到巨大作用。当然，家长在这个阶段，在做好孩子后勤服务的同时，也要密切关注孩子，为孩子的独立思考能力培养，健康成长把好方向。

具备了这些习惯和能力的孩子，我们可以放心，也可以预见，孩子将来不管走到哪里，干什么事业，他都是善良的，是自立的、自主的，更是自信的，一定能够学有所成，事业有成，生活有规律，人生能自律，是一个让家庭和社会都放心的人。

（仲启新）

育子好习惯　成长添双翼

中国古代思想家孔子曾说："少成若天性，习惯如自然。"意思是说，小的时候养成的习惯就像人的天性一样自然、坚固，甚至就变成天性了，以至于以后所取得的成功、创造的奇迹，很多方面都是由小时候的习惯所支配的。从这句话中，我们亦不难悟出一条重要的教育规律：对于年龄尚小的孩子来说，进行思想道德教育首先应从培养孩子的良好行为习惯开始。

家庭是社会最小的群体细胞，家长必须承担对下一代进行思想品德教育的义务和责任。"养不教，父之过。"孩子的行为习惯，往往是通过家长对孩子的直接教育形成的。此外，家长的日常行为，家庭的日常生活、劳动、活动，家风和家庭的氛围等，都对孩子产生着潜移默化的影响。所以说，家教中，我们应重视孩子良好行为习惯的培养，以期让好习惯陪伴孩子走好未来风雨人生的每一步。

父母是孩子的启蒙老师，也是终身老师，那么我们应该如何培养孩子良好的行为习惯，从而为其成长增添一双高飞的翅膀呢？

培养良好的道德行为习惯

道德行为是指人们在一定的道德认识和道德情感的指导、推动下采取的有目的的行动。因此，对孩子的教育必须导之以行。

儿童的行为，具有被动性、依赖性、易于冲动、模仿性强等特点。他们出现一些错误行为，往往不是由于自身道德品质有多差，而是由于他们喜欢模仿，一时冲动，或者由于缺乏社会生活经验，不懂得正确的行为方式，不善于组织自己的行动，甚至还可能是由于“好心办了坏事”。针对这些特点，在教育、培养的方法上要注意如下几个方面。

第一，对孩子的道德行为方式给予适当的指导，有些行为方式则要进行必要的训练。一般说来，家长应先“扶”后“放”。一开始可以辅助和配合孩子完成某种道德行为，以后再让他们独立去做；孩子出现不良行为，尤其是“好心办了坏事”，家长须耐心告诉孩子错在哪里，为什么错，怎样做才对。否则，欲速而不达，甚至还会挫伤孩子的自尊心。

第二，要努力培养孩子言行一致的作风。对孩子应采取的道德行为，家长不但要予以指导，还要进行必要的督促和检查，使他们从小养成“说到做到”的品质。家长如果缺乏这些经常性的工作，只是在孩子行为出现了问题以后再来“管教”，而且又满足于他们“挨训”后的“检查”，或是“讨饶”后的“保证”，那就很容易造成他们言而无信、言行不一的毛病。

第三，家长要以身作则。身教胜于言教，家长的行为举止，不但影响着孩子的道德认识和道德行为，而且决定着家长在孩子心目中的威信。

第四，注意道德意志的培养。学生的行为有受暗示性、易受外力影响、缺乏坚持性和自制力的特点。因此，对孩子道德行为的培养要一抓到底，而不能满足于他们做了一两件“好事”。要有意识地在实践中培养孩子的道德意志，提高他们的意志力。

培养良好的学习行为习惯

现在，有些家长认为孩子上课注意力不集中、做作业拖拉、习惯差是件小事，待孩子年龄大了，懂事成熟后自然会好转。笔者在这里要强调一点，这些是孩子厌学的前兆，对他们后面的学习会产生很大的影响。孩子一旦在学习上养成了坏习惯，学习不主动，知识学得就不会扎实，基础打不牢，以后他再想学好就难了。特别是现在，国家“双减”政策落地之后，孩子的好成绩往往只能靠自己去努力争取。因此，孩子养成良好的学习习惯，能够主动学习、自主学习，是很多父母所渴望的。但孩子的学习好习惯并不是与生俱来的，需要父母对其从小认真培养。

第一，督促孩子认真预习，逐步养成预习的习惯。过去不少家长比较注意督促孩子复习，但忽视了督促孩子进行课前预习。不少孩子没有养成课前预习的习惯，上课时，往往只能被动地听老师讲解，学习未能发挥主动性、积极性。因此，家长要重视引导孩子进行课前预习，例如让孩子试读新的课文，边读边画出自己不理解的词句，把疑难问题记下来，以便在听课时重点学习。家长可以不定期地抽查，了解孩子预习的情况，及时表扬鼓励，提出建议，指出不足，帮助孩子逐步养成课前预习、认真思考、发现问题的习惯。

第二，督促孩子认真复习，逐步养成复习的习惯。“温故而知新，可以为师矣。”复习是孩子学习过程中必不可少的重要环节，对他们学好功课有着重要的作用。我们提倡：鼓励孩子自觉、认真地复习。平时成绩好的，应通过复习巩固提高，扩大知识面，从而更加扎实、全面地掌握有关的知识、技能。对于平时成绩一般的，家长要多鼓励，以增强其信心；尤其对他们的点滴进步，要及时、充分地肯定，以增强其勇气和力量。对于平时成绩较差的，首先，家长要帮助他们认识复习的作用，鼓励他们增添克服困难、迎头赶上的信心和勇气，对马虎应付、粗心大意的孩子，更要耐心教育，循循善诱；其次，家长要帮助孩子制订好复习计划，抓薄弱环节，抓知识重点，避免平均用力；最后，家长要帮助孩子掌握方法，把知识点互相联系起来，从而领悟其中带有规律性的东西。

第三，督促孩子逐步养成认真做作业的习惯。作业是对孩子所学内容的检测，要引导孩子先将当天所学内容系统复习一遍，再对照作业要求有针对性地复习，弄懂题目以后再动笔做作业，这样可以避免盲目性，保证正确率。在做作业的过程中还要提醒孩子注意坐姿端正，做作业时注意力要集中。低年级孩子做作业时，家长还要加强指导和督促，并且做到有布置、有检查。作业做完后，要引导孩子自己及时检验正误。这样训练一段时间，孩子认真做作业的习惯便会形成。

第四，指导孩子进行课外阅读，逐步养成课外阅读的习惯。高尔基说："书籍是人类进步的阶梯。""诗圣"杜甫说："读书破万卷，下笔如有神。"这些名言都充分肯定了读书的重要作用。家长帮助孩子开展课外阅读，要做到以下几点：

推荐合适书籍。歌德曾经说过："读一本好书，就是在和高尚的人谈话。"家长要为孩子选择那些思想健康、有教育意义的书籍，且要符合孩子的年龄特点和接受能力，让孩子不仅爱读，能读得懂，而且读后会有所收获。家长在选择、推荐书籍时，既要照顾到孩子的兴趣爱好，又要让孩子领略不同风格和题材的书籍，从而博览群书，成为有知识、有品位的人。

提出明确要求。孩子读书时，家长应让他们心中有数，目的明确，避免一般孩子只追求故事情节、囫囵吞枣的读书方法。家长要根据书籍的不同内容，或让孩子准备讲故事，或让孩子摘抄好词佳句，或让孩子自选片段背诵，等等。

指导阅读方法。“不动笔墨不读书。”家长要引导孩子勤于动笔，在自己的书籍上做批注，圈、点、勾、画出重点词语或句子，及时写下阅读体会等，这样有助于培养孩子读思结合的好习惯。

培养良好的劳动行为习惯

不管社会怎样进步，科学怎样发展，劳动仍然是创造美好生活的源泉。因此，劳动教育也是家庭教育的重要一环。在家庭中如何培养孩子的良好劳动习惯呢?

第一，要让孩子学会料理自己的生活，参加力所能及的自我服务劳动，比如：整理书包、穿衣服、刷牙、洗脸、洗澡等。

第二，要教育孩子体贴父母，学做家务，当父母的小帮手，切忌溺爱孩子。不同年龄的孩子，家务劳动的内容可以不同，一些最基本的劳动应让孩子从小就学着做，比如：倒垃圾、擦桌子、洗碗筷等。

家长在培养孩子劳动习惯时必须注意：不要怕麻烦；安排劳动量要适度，不要过多、过重；具体劳动时，要教给孩子正确方法，启发孩子认识该项劳动的意义等。

诚然，培养孩子良好的行为习惯不仅仅是以上这几个方面，方法也是多种多样的。我们坚信，当这些良好的行为习惯真正融入孩子血液中之时，它们必将成为孩子们走向成功、走向辉煌的一个又一个五彩阶梯！

（蒋建飞）

第2章　家教论坛

家庭教育是科学理性与情感感化的有效结合

家庭教育是指家长有意在日常生活中，通过生活方式、情感、交流等方式，对子女施以一定教育影响，继而家庭成员彼此相互影响终身的一种社会活动。2022年1月1日起开始施行的《中华人民共和国家庭教育促进法》中，第五条列举了家庭教育应当符合的几项要求，其中包括：尊重未成年人身心发展规律和个体差异；尊重未成年人人格尊严，保护未成年人隐私权和个人信息，保障未成年人合法权益；遵循家庭教育特点，贯彻科学的家庭教育理念和方法；家庭教育、学校教育、社会教育紧密结合、协调一致；结合实际情况采取灵活多样的措施。要求中强调家庭教育要尊重规律、讲究科学，同时也强调要遵循家庭教育的特点，教育方法灵活多样。

由于家庭教育发生在家庭情境之中，发生在家庭成员之间，尤其是父母与孩子之间血缘关系和亲缘关系具有天然性和密切性，因此家庭教育与学校教育和社会教育相比较，具有更强的情感依赖性和感染性。这也正是家庭教育的重要特点之一。作为家长，不仅要伴随孩子身心发展变化的不同阶段，主动去了解孩子的发展规律、发展特点，在遵循、掌握科学规律的基础上学习科学的教育方法，同时也不要忘了发挥家庭教育融于日常生活、充满亲情依恋、互动持续深入等独特的优势，将科学理性教育与美好情感感化有效结合起来。

科学理性

科学理性教育，意味着教育遵循客观规律，通过可靠的知识和科学的方法，发挥主体能动性，摒弃经验主义与个人主观主义，真正促进人的可持续发展。

一、科学理性的教育在于遵循普遍规律与尊重个体差异

个体发展是持续、累积的过程，生命每一个阶段的变化都对下一个阶段起到奠基作用，对整个人生都有重要意义。心理学家发现，12 岁以前是人生命历程中极为重要的部分，是青春期和成年期的重要基础。家长要重视孩子在每个阶段的发展特点和需要，以终身教育、可持续发展的理念支持孩子不断获得成长。

个体既是生物的人，也是认知的、社会的以及具有情感道德的人。人的发展不是割裂的，而是整体的，每个方面的发展都极大地依赖或影响着其他方面的发展和变化。所以家长要认识到儿童的发展是整体性的，是身体、认知、情感和社会等各方面共同发展的系统过程，不可片面强调某一方面，尤其要避免过度重视智力开发和超前学习而忽视人格、心理与良好习惯的培养，否则容易导致孩子出现感统失调、注意力失调、强迫症、抑郁等情况。

个体发展会因先天或后天环境和教育等因素的差异，在气质、兴趣、需要、经验、能力、方式等方面表现出差别。美国哈佛大学教育研究院的心理发展学家加德纳曾提出多元智能理论，认为我们每个人都拥有八种主要智能：语言智能、逻

辑-数理智能、空间智能、运动智能、音乐智能、人际交往智能、内省智能、自然观察智能。每个孩子都有自己的智能结构和智能优势以及弱势，我们应该用欣赏和发现的眼光看待孩子独特的表现，接纳孩子自身的发展速度和节奏，让孩子成为最好的自己，而不是用一把尺子衡量所有的孩子，更不能用盲目攀比扼杀孩子的个性，消磨孩子的自信。

随着网络越来越发达，家长们虽然可以轻而易举获得丰富的育儿知识和资讯，但却又容易陷入良莠不齐的海量信息中，难辨真伪，表面上知道了很多大道理，但实际上理解得似是而非，缺乏辩证思维，在实践中难以知行合一。家长或者把光鲜亮丽的个体经验当作法宝去模仿追随，或者跟着感觉走，有较大的随意性和盲目性，所有这些问题都反映出家长需要加强科学理念和科学规律的学习，需要结合孩子的实际情况与个性特点内化教育规律，转化为自身的教育实践智慧，从而逐渐增强家庭教育的科学理性程度。

二、科学理性的教育在于给孩子自主发展的空间

这一代年轻父母比过去任何一代父母都表现出对孩子生活和教育过度的关注，投入更多的时间、精力和金钱，甚至产生了过度焦虑，呈现出“密集型育儿”特征：家长的意志挤占孩子成长的时空；家长剥夺孩子自我成长的机会。比如我们看到一个蹒跚学步的婴儿，他想要去拿不远处的一个皮球。对于家长来说，此时最重要的事情并不是直接把球递到孩子手中，而是在孩子身边鼓励、陪伴他，让他通过自己的独立行走，即使艰难，即使摔倒，也要坚持亲自拿到那个球。在这个过程中，孩子锻炼身体动作和平衡，进行手眼协调，集中注意力，克服畏惧，最后在意志推动下获得成功，这些为孩子获得独立人格健康发展提供宝贵的经验。

孩子的成长就像婴儿学走路一样，必须自己经历，承担责任，甚至承受失败，才能享受到成长的快乐和甘甜。要想孩子健康成长，就要给孩子留有足够的自主活动、自主发展的空间。只有这样，他才能通过自身体验学会做人，长大后才能应对各种挑战。

然而现实生活中，很多家长会以爱的名义对孩子溺爱放纵、包办代替或进行专制控制，这些都是对孩子自我意识的漠视与抑制，长此以往可能会导致孩子被动依赖、缺乏主动性和责任心、缺乏自信，也可能会导致孩子变得暴躁、逆反，引发更激烈的亲子冲突。所以，家长要理性地看待发展，理性看待家长的责任，不要一味按照自己的意志为孩子进行人生规划。孩子的成长是社会化的过程，最终他要进入社会，适应社会，并在社会中自立。家长的责任是做守望者，要善于引导和激励，而不是代替孩子做主，代替孩子的自我体验与成长。

情感感化

如果说理性教育通过知识和规律使教育更科学，那么感性教育则通过情感感化使教育更深入、更有智慧。情感感化意味着对家长与儿童具有同等“独立人格”的尊重，意味着对家庭教育个性化、情境化的尊重，发挥家庭教育情感联结的优势，经过感化而培养美好的情感和道德情操，使家庭教育呈现健康与美的和谐。

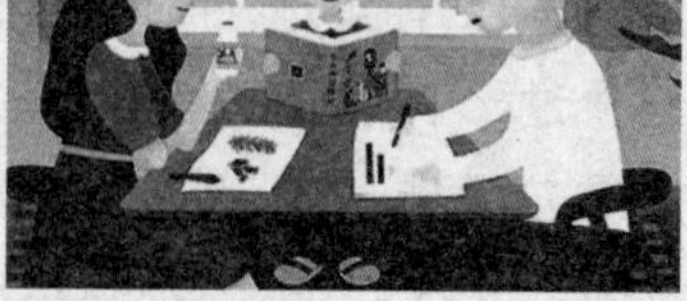

一、情感感化是家庭道德教育开展的有效方法

立德树人是教育的根本任务，家庭教育作为教育的重要组成部分，更应把立德树人

放在最重要的地位。研究者发现，儿童在家庭生活中耳濡目染形成的早期价值图式对于儿童后来的价值学习和价值成长能起到很大的建构作用，个体最早有关对与错、是与非的认知和行动图式就是从家庭生活中获得的。不仅如此，家庭教育价值观对整个社会培育和践行社会主义核心价值观也具有重要意义，而家庭教育价值观的引导与培养又依赖于家庭建设。因此，家长对孩子的教育应该坚持社会主义核心价值观的导向，弘扬优良家风和传统美德，为培养良好的公民道德素质奠定坚实的基础。

心理学家一般将道德看成是道德认识、道德情感、道德意志和道德行为的统一体，道德情感的激发和体验直接影响道德动机和道德行为的产生。现代认知神经科学的研究成果也表明，单纯的理性无法构成道德认知，道德需要情绪的参与，人在进行道德判断时，情绪与认知系统会同时运作，共同对道德判断产生影响。如有研究发现，移情能力强的幼儿更容易感受到他人的情绪体验，更容易做出亲社会行为，还可抑制不良品德行为的出现。

然而当今众多孩子在家庭中处于中心位置，饱受关爱，在家长的过度呵护下却缺少了对别人的关心，这对关爱、奉献等家庭传统美德的传承极为不利。在家庭中培养儿童道德情感能力并不是靠枯燥的说教和严厉的惩罚，而是需要家长以真挚的情感和亲密、互相尊重的亲子关系让儿童感受到亲近、信任和安全。在生活情境中，通过直观、具体、形象的切身体验，再加上家长的榜样示范和熏陶，从而让孩子受到感染、感动和感化，逐渐培养起丰富的道德情感，这也正是由家庭教育具有较强情感依赖性的特点所决定的。

二、情感感化是家庭关系尤其是亲子关系良好建设的

关键

注重“家庭建设”的内涵在于培育积极健康的家庭文化，传承优良家风和家庭美德，还在于共同构建和谐的家庭关系，二者结合起来才能为未成年人健康成长营造良好的家庭环境和氛围。

当前随着社会变迁，家庭结构呈现出隔代、二孩、离异、单亲、重组家庭等多样态，这些不同的家庭结构和家庭关系必然带来家庭教育环境的复杂性，深深影响孩子的身心健康和情绪行为。家庭关系如果是和睦的、亲密的，孩子更容易培养安全感，更有责任心，更容易接纳他人；家庭关系如果是充满冲突和矛盾的，儿童的人格养成就会面临严重的伤害。亲子关系是家庭中最为基本、也最为重要的家庭关系之一，家庭教育能否顺利进行，主要看亲子关系处于何种环境和状态。亲子关系对儿童发展的作用首先体现在社会性情绪情感与人格的养成上，而美好情感感化的教育方式则不仅有利于儿童的情感教育，也可成为亲子关系的润滑剂。

《中国国民心理健康发展报告(2019—2020)》数据显示：小学阶段的抑郁检出率为一成左右，初中阶段的抑郁检出率约为三成，高中阶段的抑郁检出率接近四成，抑郁水平随着年级升高而提高，儿童心理健康问题呈现越来越低龄化特点。这与家长对儿童心理情绪情感的重视程度和教育方式有直接关系。

现实生活中，家长在家庭教育中往往会呈现出两种极端的表现，一种是过于理性严苛，崇尚家长权威，刻板教条，强调结果，忽视过程，缺乏对孩子个性化成长需求与感受的关注，更缺乏对生活情境的灵活感知；另一种是出于对孩子的珍爱而陷入溺爱、骄纵的误区，过度夸大孩子的情绪感受，不能接受孩子有任何挫折、伤痛，崇尚快乐教育，放任自由，导致孩子丧失在真实的生活情境中面对困难、承担责任、锻炼意志品质的机会。无论是压抑孩子的情感还是夸大孩子的情感，都不是正确面对孩子情感的方式，都不利于让孩子正确感知、认识自身的情感，更不利于他们学习有效地管理自身情感，从而逐渐建构健康独立的自我意识和人格。

有研究发现，家长与孩子之间多进行有关情绪情感的交流对话，有助于孩子形成对情绪的正确识别，能更好地理解自己和他人的情绪感受，这是共情和社会交往的基础，有利于他们进一步推断自己在各种社会情境下的行为和情绪反应，逐渐发展起一定的情绪调节管理能力。如果家长对孩子的情绪情感有较为敏感的关注和恰当的回应，能够尊重并共情孩子的感受，同时又能围绕事件和情绪展开讨论，给孩子示范良好的情绪管理方法，将有利于孩子社会性情绪情感的发展，同时也有利于亲子关系的和谐健康。

（李一凡）

教子"三别"

别哄骗孩子

在孩子面前，父母应该说真话、讲实情、不回避、不遮掩，事情是什么就说什么，该怎样就怎样。这样做的好处，是可以让孩子认识到他身边的人、事、物、环境，都是真实可信的。

要知道，父母对孩子任何形式的应付、敷衍、哄骗或吓唬，都是不合适、不理性的。

就算我们的动机是为孩子好，但好心为孩子营造的虚假现实，却会误导孩子，可能影响到他的认知、判断和选择，影响孩子的学习和成长。这样的孩子将难以适应现实，极有可能成为一个与他人、与环境、与周围的一切都格格不入的人。

我们要清楚，所有虚假的东西，带给孩子的，只能是误导、欺骗和伤害。作为理性的父母，我们不该让孩子怀疑眼前的人、事和社会生活，不能让他在真实世界里像个外星人，尤其不能让孩子失去对父母的尊重和信任。

父母应该做的，是让孩子从小就生活在真实的世界里，认识真实的自然和社会，感受真实的情感规则和人际关系。不能因为好心，就让虚假害了孩子。

别逼孩子撒谎

没有哪个孩子天生愿意说谎。

孩子出现撒谎的行为，一定是有原因的。无论是想"趋利"，还是为了"避害"，都与父母的养育方式有关。

从某种意义上说，孩子说谎，多半是被父母“逼”的。你想啊，假如通过正常渠道，就可以得到自己想要的，哪个孩子愿意选择撒谎和欺骗呢？

如果孩子做错了事，并不会遭到过于严厉的责备和惩罚，如果孩子没有因此吃过苦头，他也就没有必要用说谎的方式逃避责罚了。

父母希望孩子诚实，就应该了解并满足孩子的合理需求，应该接纳和宽容他的过失和错误，别让孩子因无心犯的小错，而犯下失信、撒谎的大错。

就成长而言，出错是孩子的权利，也是他自我完善、自我成长的方式。我们应该相信孩子有自我纠错、自我修复的意愿和能力。况且，几乎所有的错，都不单单是孩子的错，大多与父母的养育方式有关。

不允许孩子出错，是不科学、不理性、不现实的，也是父母养育孩子时最不该犯的错误。

别忘了，我们每一个人，也都是经历无数次错误之后，一点点长大的。

别问孩子无聊的问题

时常向孩子提出一些问题，可以启发孩子思考，引导孩子对事物或现象进行观察、分析和研究，也有利于父母了解孩子，帮助孩子，称得上是教育孩子的好方法。

不过，具体该问孩子什么问题？要在什么时候问？该怎么问？这些是需要认真考虑的。

提的问题，应该具有启发性，可以引导孩子观察和思考；问问题的时机和场合也应该是合适的、恰当的；问问题的态度和语气，应该让孩子感受到尊重和平等。比如，学校里有什么新鲜事？你又读了哪些书？你有什么新发现？你怎么看待这件事？你遇到什么困难了吗？你打算怎么办？需要我们怎么帮你？……

至于那些很随意的，或是比较幼稚、空洞、无聊的问题，就应该尽量避免。特别是那些用一个词就能回答的问题，或是明显带有不满的质问和反问，只能令孩子反感和抵触，问了还不如不问。

好的问题、得体的问话方式，可以向孩子传递父母的关爱、理解和支持，有利于密切亲子关系，也有助于引导孩子学习和成长，是科学的教育方法，也是教育的智慧。

问孩子问题时，请想好了再开口。

（廉福录）

巧用方法疏导青春期孩子的情绪

现实生活中，我们是不是经常会碰到青春期孩子的情绪问题呢？一言不合就关门，语言暴力，甚至摔门、动粗……本来和谐的亲子关系突然间跌到冰点。这是怎么回事呢？是父母的原因，还是孩子的原因？相信很多父母多少都会有这样的困惑。我们今天一起来解开这个谜团。

情形一：孩子的负面情绪不是我们导致的，而是他主动给予的。

情绪急救做法是：倾听＋认可＋询问。

具体来说：倾听他的情绪表达后，真诚认可他情绪的反应，不否认孩子的感知，不与孩子争论他的感受，不要否认孩子的情感，不说教，不唠叨，确保孩子的情绪有充分的倾诉空间。建立起共情氛围后，询问或商量"我们怎么办/处理呢?"，转移焦点，消融负面情绪。

譬如，初三时孩子上完了一天课，回到家把书包一甩，大声抱怨说："变态的老师，布置这么多作业，怎么可能做得完？不做了！反正也做不完。"

错误的方式是：不认可＋说教。

妈妈说："这不是老师的错，学习就一定要做作业的。作业多了，是因为初三了，马上中考了。特殊时期，特殊处理。你应该马上做，争取时间才对。不应该在这里怨天尤人……"

如果我们这样说，就直接进入了"尬聊"的死胡同了。孩子的负面情绪就会马上升级，把对"老师布置作业很多"的抱怨发泄到我们的身上，一场互相伤害的争论又不可避免了。

有效的方式：理性而温和地认可他们的情绪。

妈妈说：“嗯，你的作业的确很多，我看看，有语文、数学、英语、物理。天啊！居然还有体育作业和美术作业。今天的作业居然这么多，那怎么办呢？”

理性而温和的认可情绪式回应，给了抱怨中的孩子一个信息，他的“今天的作业多”的观点是对的，此时，“同理心”的共情磁场就开始建立了。接着，我们会惊奇地发现，原来很生气的孩子，情绪会变得缓和多了。他说：“妈，你知道就好。所以，请你记得不要打扰我！我要马上进入猛烈的‘死磕’作业的状态了。”

或者会说：“就是啊！不过我还是赶紧行动吧，不然的话，我可能做不完了。哎！估计吃饭的时间都是没有了。我太可怜了。”

人有负面情绪时，一旦情绪宣泄出来，能获得认可和理解，负面情绪就会得到舒缓，恢复到可调节的状态。此时，我们应“乘胜追击”，再追加一段认可、鼓励的话，共情磁场效应就更浓厚。

妈妈说：“孩子，你的决定真英明！作业太多了，只能是抓紧时间做了。妈妈也要去做事了，有什么需要我帮助的就喊我，加油！”

然后悄悄地关上孩子的房门，给他一个安静的空间。

情形二：孩子的负面情绪是我们家长导致的。

（单亲妈妈与初三儿子的矛盾冲突）

妈妈无意中看到儿子曾借用她的手机但没有退出的支付信息，发现他给一个陌生人转了三次钱，金额分别是 50 元、50 元、500 元。因外公经常偷偷给儿子零花钱，妈妈立刻打电话给外公，告诉他此事，并以各种诈骗现象举例，告诫外公不能这样做。于是外公直接发信息严肃批评外孙……外孙看到外公的信息，就知道妈妈“偷”看了他的聊天软件，很生气地打电话给妈妈，大声吼道“为什么要看我的聊天软件”，然后就挂了电话，再也不听电话。妈妈回到家发现儿子离家出走了。妈妈很慌张，看到电话、钱什么的都没拿走，只是拿走了钥匙，正紧张地想着该向哪里求助，去哪里找他时，儿子回来了。见到妈妈，他又是一顿大吼大闹，把妈妈推出房间，不允许妈妈进去。大吼着：“你以前说信任我都是骗人的，你偷看我的信息，侵犯了我的隐私权。你和外公都不信任我……”

情形分析：孩子处在极度愤怒、委屈的情绪状态，妈妈是导致这种状态且要面对孩子负面情绪的人，外公不在一起住；另有家庭的爸爸也“远水救不了近火”。儿子一直很要面子，不希望外人知晓他们家的情况。此时，只有妈妈独立进行这场情绪急救，但是因为是“情绪敌对者”，不宜马上面对面交流，适合拉开物理距离，又要及时把倾诉、共情的情感链接起来。

给妈妈的建议是：以笔代言，链接倾诉，共情、移情。

具体做法：

1. 打开家里所有的灯，保持家里安静。

2. 马上写一封短信放在儿子的床边。内容大概是告诉他，妈妈很抱歉、很伤心，给他带来伤害，虽是无心之过，但是真的有不对的地方。妈妈想出门走走，认真、冷静地反思不对之处。如果你想帮妈妈的话，可以给妈妈留信，当然，也可以在手机上留言。

3. 然后带上手机，有声关门，出门。时刻关注手机。后来的发展是：约 20 分钟后，儿子给妈妈发了消息。批评了妈妈离开家没有关灯，浪费电。再次表达了被妈妈偷看信息的伤心。解释了给陌生人转钱的原因和经过。询问妈妈什么时候能回来。妈妈也再次真诚地给儿子道歉，告诉儿子，妈妈是无意中看到记录的，没有刻意查看。外公也很抱歉、很伤心，妈妈正在安慰外公……当晚，母子和好了，在开始吃饭时稍有尴尬，后来都敞开心扉，用视频聊天的方式和外公聊起种种的开心事、零花钱的使用、帮助他人的方式方法。

一个人处在负面情绪之中时，及时得到“情感急救”，强烈的负面情感会在被认可中马上减弱，情绪危机就按下暂停键，不会升级。人的情感平静下来，融洽的气氛恢复，才能更容易地解决问题。所以当孩子处在极端的负面情绪中时，我们要同情他的感受，给予不带敌意的回应，建立共情磁场，让他的情绪先变得平静。

12—18 岁的青春期又称“心理断乳期”，这个阶段的特点是：自控力弱，盲目，易受外界影响；追求独立，不愿意说话，难以沟通；情绪容易激动、暴躁；在意形象，有偶像包袱，情窦初开；成绩两极分化普遍。这个阶段是孩子发展的危险期，也是教育的关键期。在这个时期，父母跟孩子构建起良好的沟通模式，努力成为孩子的“良师益友”，才能很好地化解亲子间的情绪风波，才能更好陪伴孩子走好这独一无二的青春期，助力他顺利走向成人期。

与青春期孩子交流沟通的四大低效能方式：说教式、命令式、比较式、牢骚式。

四大低效能方式导致的常见状况：

孩子回家后与父母的交流越来越少；

父母教育孩子的时候，孩子不吭声；

父母教育孩子的时候，孩子顶撞得很厉害；

父母指东孩子向西，与父母发生激烈的冲突甚至打斗；

孩子学习效率低下，做作业的时候，手机、耳机、平板电脑放在身边，父母管不住；

孩子沉溺手游、网游，无法自拔，继而与父母冲突不断；

孩子呈现出两面性，在家庭的表现和在学校的表现截然相反。

跟十几岁的孩子沟通与交谈，我们需要掌握几个要点：

一、调位——多倾听

改"我说你听"为"你说我听"。改变"父尊子卑"思想，淡化"强势思维"，不要觉得孩子没按照大人的意思做就是不对的。青春期孩子的心智也处于发展期，他们也有自己的想法。父母可以和自己的孩子平心静气地交流，在交流的过程中倾听、对比、反思，反思和孩子难以有效沟通的原因。这样"调位"之后才能减少矛盾，和孩子沟通得顺畅。

二、调口——管住嘴

家长看到孩子做得不好的时候往往会非常着急甚至焦虑，觉得如果不指出问题就会影响孩子的未来。这样一来就会说孩子，一说就会引发冲突。其实，作为家长，我们不要事事说，处处说，时时说，遇到看不惯的地方可以忍一忍，看一看，思考孩子这样做的原因，寻找说的"契机"，时机对了才能说出效果。在这里，给大家一个能够借鉴的"管住嘴"口诀：

可说可不说的——不说，
急着说的——缓缓再说，
看不惯的——先说闪光点再说问题。

三、调趣——交朋友

着意寻找和孩子相同的兴趣爱好，以拉近和孩子的距离，缓和与青春期孩子的亲子关系。比如：下棋、运动、交流读书心得、收看共同爱好的电视节目等。有共同的兴趣点，就会有共同的话题，关系融洽了之后再借机和孩子交流学习、习惯等方面的问题，孩子就容易接受。某电视剧中，作为父亲的某区长和处于青春期的儿子亲子关系很僵，父亲之前做了很多努力试图缓和亲子关系，都没有成功，后来他试着关注儿子的爱好——赛车、游戏，并和孩子一起玩，甚至在游戏的世界里和孩子成了好朋友，时常在游戏聊天中教育引导孩子，收到了良好的沟通效果。

四、调笔——写书信

在和孩子沟通的过程中，有些话面对面难以说出口，我们不妨换一种方式来进行表达，更容易把问题说清楚，把情感表达充分。如书信、短信或微信等方式，方式的变换往往能起到意想不到的效果。如翻译家、教育家傅雷先生在教育儿子的过程中，用书信交流、传情，书信起到了至关重要的作用。中高考百日誓师、成人礼等仪式中，父母写给孩子的一封说说心里话的书信，让许多同学都激动不已、泪流满面、充满斗志，这就是书信的力量。

在守护和陪伴孩子成长的路上，为人父母的我们确实不易。有一句话这样点赞智慧的父母：陌生人对孩子的头脑说话，父母对孩子的心说话。当我们常态性倾听，并以共情的语调作出回应时，我们就能赢得十几岁孩子的信任。当我们习惯性换位思考，把孩子说得不清楚的事情，清晰地表达出来时，我们就能获得孩子的尊重。当我们经常真诚、平等地表达自己的情感和观点时，我们就能赢得孩子的理解。“信任＋尊重＋理解”就是亲子有效沟通的基石，也是解决情绪困扰的金钥匙。

（张小燕）

第 3 章　学法崇德

让法治之光照亮孩子前行路

小张(16 岁)是一名中学生,可结交的朋友却多是社会上的“混混”,以讲“哥们义气”为荣耀。2021 年 6 月的一天,小张接到一“哥们”的电话,对方称与别人发生矛盾,让小张过去帮忙打架。小张心想:哥们遇到麻烦喊我帮忙是看得起我,我作为兄弟是必须出面的,否则会被认为不仗义。于是,小张带着匕首以最快的速度赶至现场,持匕首将人捅伤,造成被害人重伤,小张因此获刑。法官在审理案件中了解到,小张的父母在外地务工,平时对小张疏于管教,小张平时都是由爷爷奶奶照顾,爷爷奶奶对小张溺爱娇惯,导致小张走上了犯罪的道路。

青少年犯罪是我国当前较为严重的社会问题之一。2022 年 6 月 1 日,最高人民检察院发布《未成年人检察工作白皮书(2021)》(以下简称《白皮书》)。这是最高检第三次发布未成年人检察工作白皮书。《白皮书》透露,当前未成年人保护仍然面临严峻复杂的形势，侵害未成年人犯罪数量上升，未成年人犯罪有所抬头，家庭监护问题比较突出，网络对未成年人的影响巨大，未成年人健康成长的社会环境还需优化等等。未成年人保护依然任重道远。数据显示，我国未成年人犯罪数量出现反弹。2021 年检察机关受理审查逮捕、受理审查起诉未成年犯罪嫌疑人人数较 2017 年分别上升 30.6%、24.2%。从司法实践来看，未成年人犯罪有以下特点：第一，违法犯罪趋于低龄化。十四五岁就违法犯罪，有的甚至做出大案、要案。第二，犯罪类型越来越多样化。以侵财性犯罪为主，如盗窃、抢劫、敲诈等。此外，故意伤害、强奸等恶性案件也时有发生。第三，犯罪动机简单，没有明确作案目的，一般没有事先预谋，多属一时冲动，常有一定的随意性和盲目性。

法治教育对于促进青少年全面健康成长有着重大的意义，通过法治教育培养孩子的法治意识，能让孩子更好、更全面地发展，从自我认知中明白遵纪守法的重要性和违纪违法造成的严重后果，避免误入歧途。孩子是一个家庭的重心、祖国的未来、民族的希望，是社会主义事业的建设者和接班人，承担着实现中华民族伟大复兴的重任。青少年的法治教育，直接关系到我国全面依法治国的成效，关系到建设社会主义法治国家的进程。

成才先成人。父母作为子女的第一监护人，必须了解法治教育对于孩子健康成长的意义是十分重大的，同时，也必须以实际行动提高孩子的法律认知水平。一是在心理上加强对于子女法治教育的重视。当前，绝大多数的父母都比较重视孩子的文化课成绩。尤其是在初中和高中阶段，繁重的文化课学习任务，也使得孩子没有太多的时间去了解法律知识。作为父母，必须从心理上充分认识法治教育的重要意义。二是在行为上对孩子的法治教育加以引导。“近朱者赤，近墨者黑”，孩子大部分时间是在家中度过的，父母是孩子的第一任老师，父母的每一个行为都是孩子的活教材，因此，父母必须自觉遵守法律法规，加强法律知识学习，在日常生活中的点滴小事上为孩子做出榜样，如遵守交通规则、不高空抛物等细小的行为。三是要大力支持、配合孩子积极参与普法教育活动。当前，学校也在坚持开展法治宣传教育，父母要支持孩子积极参与法治讲座、法律知识竞赛等法治教育活动，鼓励孩子在社会生活中汲取法律知识的营养。文化、新闻出版、广播电视、司法等部门都会定期开展系统有效的法治宣传教育活动，如开展青少年法治教育讲座、开放青少年法治教育基地、播放法治教育电视宣传片、组织法治图文展等等活动。父母要鼓励孩子积极参加类似的法治教育活动，加强孩子法律意识的培养。

（张　天　贺诗磊）

未成年人交友不慎犯罪　家长难辞其咎

周某、吴某、杨某三人，受流窜多地进行盗窃的惯犯邓某(2003年3月出生，已被另案处理)唆使，于2021年1月至2月期间，在淮安、泰州、天长等地多次实施盗窃行为，累计案值超过8万元。涉案时三人均系未成年人。

案发后，周某被公安机关抓获归案，吴某、杨某相继投案自首。三人均如实供述犯罪事实，并积极进行退赃和赔偿。

法院经审理认为，被告人周某、吴某、杨某三人以非法占有为目的，多次伙同他人盗窃财物，三人的行为均已构成盗窃罪，且属于共同犯罪。

鉴于三人犯罪时均未满十八周岁，其实施盗窃行为系受到他人指使，且在共同犯罪中起次要、辅助作用，均系从犯，应当从轻或者减轻处罚。且吴某、杨某在案发后主动投案，归案后如实供述犯罪事实，系自首，可以从轻或减轻处罚。周某到案后如实供述犯罪事实，系坦白，可以从轻处罚。三人均能够积极退赃，赔偿被害人经济损失，可以从轻处罚。另，三人均自愿认罪认罚，适用缓刑，不致再危害社会，可以宣告适用缓刑。

最终，周某因犯盗窃罪被判处有期徒刑一年一个月，缓刑一年三个月，并处罚金人民币八千元；吴某因犯盗窃罪被判处有期徒刑一年，缓刑一年，并处罚金人民币七千元；杨某因犯盗窃罪被判处有期徒刑一年两个月，缓刑一年六个月，并处罚金人民币九千元。

一审判决生效后，法院向三名被告人及其家人送达了《未成年人犯罪记录封存通知书》，同时也向相关部门送达了《未成年人犯罪记录封存通知书》，告知相关部门应依法对上述三人的犯罪记录予以封存。法院还联合相关部门向三名被告人的父母进行了家庭教育指导，督促其父母切实履行好监护人的职责。

该案是一起典型的家长疏于管理教育、未成年人自身交友不慎、社会关注引导不够而引起的未成年人犯罪案件，教训非常深刻。

一、父母疏于管教是未成年人走向违法犯罪的根本原因。“子不教，父之过。”《中华人民共和国家庭教育促进法》第十四条规定：“父母或者其他监护人应当树立家庭是第一个课堂、家长是第一任老师的责任意识，承担对未成年人实施家庭教育的主体责任，用正确思想、方法和行为教育未成年人养成良好思想、品行和习惯。”《中华人民共和国未成年人保护法》第十六条也规定，父母应当关注未成年人的生理、心理状况和情感需求，并提供生活、健康、安全等方面的保障，预防和制止未成年人的不良行为和违法犯罪行为。本案涉案三名未成年人，均早早辍学在家，过早走入社会，无正当、稳定的职业，结识社会不良人员后，长期夜不归宿。而其父母忙于生计，对三人的管理教育几近于无，以至于三人能够有机会伙同其他人，在短时间内流窜多地进行盗窃，终酿成大祸。涉案三名未成年人的父母，如能够早一些发现孩子的不良行为习惯苗头并及时进行批评教育，便能最大限度地避免本案犯罪行为的发生。

二、交友不慎是未成年人走向违法犯罪的直接原因。“与善人居，如入芝兰之室，久而不闻其香；与不善人居，如入鲍鱼之肆，久而不闻其臭。”《中华人民共和国预防未成年人犯罪法》明确规定了未成年人的八种不良行为和其他不利于未成年人健康成长的不良行为，其中“与社会上具有不良习性的人交往，组织或者参加实施不良行为的团伙”是未成年人的主要不良行为之一。涉案三名未成年人虽早早辍学在家，整日游手好闲，但导致三人走上违法犯罪道路的直接导火索还是交友不慎。本案中，邓某是社会闲散人员，只比杨某等人大几个月，却从 2019 年即开始流窜盗窃。穿着时髦，出手阔绰，是邓某给三人刻意留下的印象，其实邓某早早便盯上了三人，稍一接触并经过几次劝说怂恿，便使三人最终踏上了违法犯罪的道路。未成年人犯罪的特殊性在于，其心智还不够成熟，不能准确地辨别是非。未成年人普遍都有从众心理，独自实施违法行为时，非常容易被外界因素影响，从而中断或放弃实施违法行为；而在共同犯罪时，未成年人互相之间会给予更大的力量，认为此项行动“安全”，且其只是其中一员，不需要承担较大的责任，甚至在作案中因虚荣心作祟，表现得更加卖力。与此同时，不劳而获也会给他们带来更大的“成就感”。

三、社会控辍保学等责任落实不够到位是未成年人走向违法犯罪的重要原因。未成年人是国家的未来、民族的希望。《中华人民共和国未成年人保护法》第四十三条规定：“居民委员会、村民委员会应当设置专人专岗负责未成年人保护工作，协助政府有关部门宣传未成年人保护方面的法律法规，指导、帮助和监督未成年人的父母或者其他监护人依法履行监护职责，建立留守未成年人、困境未成年人的信息档案并给予关爱帮扶。”村镇、社区、妇联和民政等相关部门应该将早早辍学在家的未成年人列为重点人群，并予以高度关注，能不辍学的绝不让辍学，能复学的要尽量安排复学，开展经常性的座谈走访，必要时进行建档跟踪管理，确保未成年人在心智还不成熟的时期能够走好、走稳自己的人生道路。一纸判决书绝不是此类案件的终点，人民法院在审理未成年人案件时也绝不能满足于做好案件审判这“前半篇文章”，更要全力做好家庭教育指导和案件回访帮教等“后半篇文章”。如果说刚柔并济的审判手段、公正严明的审判结果是给未成年人敲响警钟，那么判后的爱心帮教则是为未成年人解开“心结”，法与情合二为一才能化为真正推动他们继续前行的力量。

（沙瑞新　陈　浩）

第 4 章　家教故事

欲速则不达

儿子上六年级后，数学课开始教学分数乘除混合运算了。初次接触新知识，他常常出错。一次，我仔细看了他的解题过程，发现他没有循序渐进。虽然运算规则背得很熟，“分数连乘，可先进行约分，再进行计算；分数乘除混合运算时，要先把除法转换成乘法，然后按乘法运算”都知道，但他不愿意一步一步来，而是贪快，要么直接口算写答案，要么跳着来，于是频频出错。

晓之以理，动之以情，无用；大声呵斥，撕了重来，习惯还是不改，弄得我们很无奈。

国庆假期的一天，我早早地带他去乡下看望爷爷奶奶。两位老人正忙着挖花生，儿子自告奋勇，也要去帮他们挖花生。我想，正好让儿子体验农村生活，更加体会到劳动的辛苦，培养他吃苦耐劳的精神。于是，我们拿了刀、篮子等工具，戴上防晒帽，很快来到了自家地里。爷爷先分给大家每人一行的任务。我一手抓住花生藤，另一只手在它的一侧把刀插下去，把土铲松，边用力摇晃，边向上拉起，连根带花生拔起，轻轻抖掉泥沙，花生像小铃铛一样挂在下面，我直接把花生摘下来放到了篮子里。

十五分钟后，我看到儿子被抛在了后面，迟迟跟不上来。于是我走过去问道："你怎么那么慢？"

"我看到你那里花生多，我怎么挖不到多少花生？我在挖呢。"

只见他抓住花生藤，用力一拉，花生藤起来了，但根部却挂不了多少花生，于是又拿起刀，在地上挖着，寻找着。

我看了，哑然失笑，说道："儿子，做事不能蛮干，要学会巧干。挖花生要一步步来，先把土铲松，再拔出来，花生才不会留在土里，你也不需要在那里乱挖了。你少了这一步，质量和效率都没了。"

儿子听了我的话，尝试着按照我的方法进行，果然，速度快了，而且挖到的花生也多了。

我趁热打铁道："你看，这挖花生，和你做分数乘除混合运算一样，也要循序渐进，跳跃式处理反而效率低。假如你做错了一道题，再去订正也要花时间的。与其这样，不如沉下心来，步步为营，一次做对了反而省力省时。"

儿子听了，挠了挠头说："我一直觉得分数乘除混合运算题不难，所以懒得用草稿，一不小心就忘了把除法转换成乘法了，所以失误多了。"

我说："做数学题和挖花生一样，都有一定的方式方法。

方法没用对，自然就会劳心劳力，事倍功半。所谓‘欲速则不达’，就是这个道理。”儿子听了频频点头。

“骐骥一跃，不能十步。驽马十驾，功在不舍。”从那以后，儿子解答数学题时不再贪多求快，而是脚踏实地、认真完成解题的每一步了。

（徐　新）

拔花生

拔花生有什么技巧呢？两手抓住花生的根上部，贴着地皮，五指把花生秧抓过来，使劲向上提，整棵花生就拔出来了。刚拔出来的花生沾满了泥土，要用手使劲抖动几下，把泥土抖掉，再把花生从花生秧上一个一个摘下来。

请尊重孩子的诚实

又是一天夕阳西下时，小学门口每个班级家长等候区都已有很多家长在等待接孩子了。这时我看到了我家宝贝背着小书包正随着班级队伍走向我。也许是作为母亲的敏感，我觉得今天孩子有些情绪低落，不禁在心中暗暗琢磨，这是怎么了，和同学闹别扭了？是被老师批评了，还是没考好？我按下心中的疑惑，面上不显地和平常一样先笑着和她招招手，然后走上去抱抱她并牵起她的手向老师告别。

在回家的路上，我像往常一样说："现在天还早，我们先去公园玩一会儿吧。"孩子却没有像往常一样高兴回答我"好呀"，她轻轻地摇摇头说："妈妈，今天我们不要去玩了。"我装作不经意地问："为什么呀？"孩子回答说："妈妈，我今天测验没考好，很多人都考了 90 多，我只考了 80 多。"我轻轻摸了摸她的头，说："哦，我当什么事让你不开心呢，原来是没考好呀。一次没考好没什么大不了的。我们先去玩一会儿，等回家后，妈妈和你一起分析分析这次没考好的原因，下次注意不要再犯同样的错误就好了。"听我这么一说，孩子果然高兴起来，说："妈妈，你不生气吗？我还以为你会生我的气呢，我好担心，好难过。"我摇摇头，对她说："你只要认真学习，偶尔考不好，妈妈是不会怪你的。学习是一件可以增加知识，让你懂得更多，让你生活更愉快的事，不应该成为负担。一旦你觉得学习是个痛苦的事，那说明你的学习方法有了问题，我们应该一起把原因找出来，对症下药。我想只要态度认真，没有什么解决不了的问题。"经过我的一番开导，孩子终于高兴起来，不再垂头丧气了。

我不是虎妈，没有那么多"孩子必须考第一"的想法。有时我在想，我这样不十分严苛地督促孩子，会不会让她落后呢？后来的事实证明，我没有做错。在那之后，孩子又有几次考得不理想，但孩子再也没有紧张焦虑，只是会和我一起认真总结错误的原因，会一遍一遍认真地订正错题。最终在期末考试的时候她考了 100 分，全班一共两个 100 分，她是其中一个。

（张　琰）

一只丑丑的小板凳

在我的手机相册里，始终保存着一张照片：一只丑丑的，凳腿扭曲着，看上去不太牢固的小板凳。每每看到它，我的记忆就会被拉回到几年前。

那一年夏天，婆婆家接到镇里的通知，说要拆迁。家家户户为此忙乱，沸腾了起来。此时，最开心的莫过于到老家过暑假的孩子了。准备拆迁搬家了，家里的东西都被整理了出来。还在幼儿园的儿子，也加入了整理的队伍，跟着大人们忙前忙后。婆婆见状，生怕宝贝孙子不小心伤到手，一再地阻止。我对婆婆说："妈，别担心，没事的，让他帮帮忙挺好的。"婆婆只好说："那你看好了，别伤到他。"

突然，儿子眼睛一亮，追随着他的目光看过去，原来是一把有些生锈的小锯子立在墙角。他飞快地跑过去，拿了起来，还找来一个小板凳，一个小木条。学着公公平时锯柴火的样子，他把木条的一端放在板凳上，用脚踩着，开始锯木头了。别说，还真的像一个小木匠呢！公公扛着铁锹从田里回来，刚进门就大声喊道："啸啸，不能锯！小心伤着手，赶快放下。"看着孩子满头的汗，眼睛却格外有神，我知道那清澈的眼睛里，充满了渴望。

从小在县城长大的我，一直就特别羡慕农村来的同学，每每听他们谈起在家的各种经历就艳羡不已。羡慕他们可以光着脚丫子在田间地头奔跑；可以摘下满身露水的黄瓜，抹去刺后直接塞进嘴里……

公公婆婆如果此时以爱的名义制止了孩子，他丢失掉的不仅仅是一次动手的机会，更可能是探究创新的能力。"爸，妈，他想锯就让他锯吧，他会照顾好自己的。"说完，我向孩子挤了挤眼。孩子秒懂，连忙说："是的，我会注意的。"没有了阻拦，孩子干得更起劲了。单纯地锯已经不能满足他了，小小的脑袋瓜开始琢磨着做些什么了。只见他迈着小腿，飞奔到院子的一角，从一堆杂物中找出一块木板，搬出了家里的工具箱。我问他找这些做什么，他头也不抬说了句："秘密！"只见他量量，锤锤，钉钉，居然做成了一只小板凳。炊烟升起，晚霞染红了西边的天空，也映红了孩子的小脸。他得意地向我们展示着他的作品。公公婆婆也啧啧赞叹！

此后，每到假期，孩子都会出现在田间地头。他会戴着草帽，拿着镰刀，穿着公公的大雨靴在稻田里帮忙收稻子；会拉着我，带我去看他发现的一窝红色的小鸟蛋；会按时给他种的青菜浇水……

"纸上得来终觉浅，绝知此事要躬行。"我们不要以爱的名义限制孩子，而是要让孩子从自然，从实践中去感受快乐，增长知识，开拓视野。

（汤　霞）

第 5 章　学前教育

我和外孙做游戏

前段时间，我们一家整天“宅”在家里，享受到了天伦之乐。尤其是女儿和她的儿子也在家里，我们一家四代同堂，更是其乐融融。

外孙 31 个月大，说话有点迟，但也能表述清楚他的意思。大人们“宅”在家里，可以看看电视，玩玩手机，读读书报等打发时光，但对于外孙来说，每天宅在家里就有点困难了。好在外孙好动，只要能想出法子让他动起来，他就不会闹着要出去。

外孙喜欢做情境游戏。“警察和小偷”是他的最爱。他扮演警察，我则是那位小偷。

他常常拿着一把玩具手枪，或是拿着一辆玩具小警车来到我面前，大喊：“我是警察，不准走！”我就站着一动不动。一旁的老伴还指导着外孙，教他说“举起手来”的话。外孙就模仿着说：“举起手来，我是警察。”我就乖乖地举起双手，装出一副垂头丧气的样子，外孙哈哈大笑……

外孙学会了“打转”的游戏，要求我和他做这个游戏。我向老伴求教。在老伴的指导下，我和外孙开始了游戏。我们大小四只手握在一起，绕着圈子，我跟着老伴学说“顺口溜”：月亮月亮妈妈，走路拾个爸爸。妈妈出来洗菜，走路拾个老太……我转个几圈，头就有点发晕，但外孙好像一点也没有这种情况，还是全身心地投入在游戏里，我只好咬牙坚持。最终，我只好装作体力不支，倒地……

儿童的坚持力毕竟是有限的，而且也不能长时间地让他处在“运动”中，要想出方法使其劳逸结合。老伴在这方面是个高手，她常常会在几个游戏结束之后，想出方法来暂停，让外孙歇一歇。但外孙精力旺盛，歇不了几分钟，便又开始要求我们一起和他做游戏了。

如何能让外孙在游戏中学到知识，且又能达到不想出门的目的呢？看来只有在游戏上动脑筋了。

于是，我们玩起了“老鹰捉小鸡”的游戏。老伴做母鸡，外孙站在老伴身后做小鸡；我呢，做“可恶”的老鹰。我那已到耄耋之年的老爸老妈做观众。外孙说“游戏开始”，我就像心狠的老鹰那样，张牙舞爪地想去抓“小鸡”；老伴伸开双臂，拼命护着身后的“小鸡”。我们在屋里跳着，跑着，笑着，开心极了。女儿呢，拿出手机，拍着，然后发在朋友圈，我们“宅”出了生活的精彩……

福禄贝尔说：“游戏是儿童期最纯净也最具心灵性的活动，同时更是人类整体向外的表达方式。”

其实，儿童游戏对儿童成长来说意义巨大。它能促进儿童身体机能和运动机能的发展，促进儿童感知功能的发展，促进儿童语言的发展，促进儿童认知能力的发展，还能促进儿童社交能力、情绪控制能力和人格发展等等。

在和外孙做游戏的过程中，我有时会感到疲惫或是觉得有一点“无趣”“乏味”，但对外孙来说，做游戏是他的快乐，游戏是他健康成长过程中不可或缺的组成部分。我想，这点付出是值得的，是有价值的。

（纪效成）

办好微信公众号，为幼儿营造良好教育环境

当下，信息技术越来越多地融入教育教学中，怎样系统有效地开展线上家—园—社协同教育成为幼教工作者面临的难题。这时，微信公众号闯入了我们的视野。微信公众号不受时间、空间限制，可以一对多传播，具有时效性强、可分栏目、便于回头查阅、反馈及时等特点，越来越多地被各幼儿园重视起来。许多幼儿园创建了公众号，在公众号推送幼儿园的活动、教育计划、育儿知识等等。对于如何更好地发挥公众号的作用，我们渐渐摸索出了一些经验，取得了很好的效果。

强化共育意识，开发教育资源，优化推送内容。

1. 组织团队研讨，规划推送栏目。

微信公众号作为幼儿园的对外宣传及线上共育的窗口，推送的栏目需要去粗取精，不能杂乱无章。我们组织管理人员、骨干教师进行研讨，首先确定公众号分栏的目的，是让教师、家长和社区等人员一眼就能看到自己想看的动态，从而更快速地掌握幼儿园近期的互动活动，加强相互之间的了解。我们在分栏的时候有意识地分出三大模块，即幼儿园活动信息、家庭活动信息、社区活动信息。

幼儿园活动信息栏目包含幼儿园园所活动、教师活动、幼儿活动等栏目。幼儿园园所活动栏目里推送幼儿园发生的大事,如收费公示、迎接检查、对外开放活动等幼儿园层面的大事;教师活动栏目里推送师德师风活动、优秀教师风采展示、教师赛课活动、玩教具比赛作品展示等教师相关活动信息;幼儿活动栏目包含幼儿在园的保育和教育活动、园本课程等信息。

家庭活动信息栏目包含家庭教育成果展示、家长个人风采展示等栏目。家庭教育成果展示栏目有家长教育理念分享、育儿心得分享、家庭有意义的亲子活动的记录等内容;家长个人风采展示栏目主要是展示家长的职业、特长、先进事迹等内容。

2. 发放家长调查问卷,了解家长所需。

幼儿园首先要明白幼儿园的微信公众号最重要的受众就是家长,要尽可能让家长参与进来,才能让微信公众号发挥最大的作用。幼儿园可以通过开学的家长会、告家长书等方式告知家长微信公众号发布的目的和意义,鼓励家长对内容、形式等方面表达自己的意见和要求。同时发布调查问卷,了解家长最关心幼儿在园的什么活动、最想看到什么内容。

针对家长的需求反馈,我们发现家长需要的公众号要有稳定内容,有时间规律地推送,在内容上要贴近本园的幼儿,有本园特色,不能让公众号变成“空中楼阁”。

3. 探寻社区资源,拓宽共育内容。

每个社区都有丰富的自然资源。比如社区里的绿化、球场,社区居民种植的菜园,这些花草树木都可以作为自然资源，供幼儿参观。可以组织幼儿，每人认领一棵树，利用休息时间与家长一起清除自己的宝宝树周边的杂草、垃圾，让幼儿学会爱护花草树木、保护环境，既能对幼儿进行环保教育，也能起到美化社区环境的作用。

除了自然环境，社区也有丰富的人文资源。社区里的居民有各种各样的职业，这些居民可以按职业特征参与幼儿园的助教工作；社区里还有各种身份的老人，都可以作为教育资源，比如老红军，在国庆节等节日，可以请他们入园宣讲，用他们的亲身体验激发幼儿的爱国热情；社区里还有图书馆，可以带幼儿进行阅读活动，开展“我爱我家 ‘阅’读越美”的活动，促进亲子阅读。

幼儿园通过对资源的调研、筛选、整合，可以成功将幼儿园的公众号分栏目有规律地推送，形成有地域特点、本园特色的公众号，使得公众号内容有趣、有内涵。

进行团队培训，优化编排形式，提升教师信息技术素养。

我们现在的微信公众号制作大多是几位教师收集素材，交给一位教师汇总编辑发布，编排的工作都在一个人的身上。但公众号的信息量大、更新频繁，一个人的力量是不够的，需要一个团队的协作，需要幼儿园里的每一个人都参与进来。

1. 在技术上，要强化团队技术培训。

互联网技术不断在更新，建设好一个公众号对教师的技术水平的要求越来越高。幼儿园教师要加强网络技术学习，提高业务水平。可以聘请信息技术专家来园给所有教师培训，举办教师互联网基本技能大赛，提升教师的信息技术水平。

制作发布公众号推文时，可以让每位教师都承担起一部分任务，共同熟悉发布幼儿园微信公众号推文的流程。也可以请有兴趣的家长参与制作，进行视频剪辑或是文字编辑，真正做到家园合作、家园共育。

2. 在内容上，要分工协作，提升推文内涵。

公众号的核心吸引力和竞争力就是内容，一个优秀的线上家—园—社协同教育平台需要丰富的内容支撑。内容编辑工作由文案组和审核组承担，文案组让所有教师轮流分组负责，审核组由园长或相关分管领导负责。

在文案内容上，可以让教师分别负责幼儿园活动信息、家庭活动信息、社区活动信息的收集工作，组内成员分别负责文字编辑、图片选择、视频制作等工作，这样能发挥集体的智慧，人人都发挥所长。同时组内成员需要定期与家长沟通，让家长参与进来，比如：开设栏目《亲子共读》，需要家长和幼儿投稿，和幼儿一起讲述故事，并说出自己的读书心得。又如：为了迎接国庆节和党的二十大的召开，社区开展了很多的活动，幼儿园请社区“走进来”，进入校园给幼儿进行爱国主义教育；也带幼儿“走出去”，感受社区的氛围。这些活动让幼儿园的公众号做得更具特色，提升家长使用感和社区的参与感，做好协同共育。

习近平总书记曾说：“教师要成为大先生，做学生为学、为事、为人的示范，促进学生成长为全面发展的人。要研究真问题，着眼世界学术前沿和国家重大需求，致力于解决实际问题，善于学习新知识、新技术、新理论。”身为教师，我们需要学习新知识、新技术、新理论，在这样的学习和实践过程中，可以为幼儿园培养和储备更多的信息技术人才和教育专家，也能为家园合作开辟新道路，为幼儿园和社区的携手创建新窗口，共同促进幼儿全面健康发展。

（桂一阳　朱　冉）

第 6 章　家庭生活

做一个“弱”妈妈

“在澳大利亚的海边生活着两种蟹，一种性格暴躁、凶悍，喜欢争抢；另一种则性格温和，习惯主动示弱，遇到敌人就选择躲起来，或者一动不动地装死。原本这两种蓝甲蟹的数量差不多，但是数百年后，争强好胜的蓝甲蟹数量大幅减少，到了濒临灭绝的程度；而另一种主动‘示弱’的蓝甲蟹大量繁殖，数量骤增……”

我的一个朋友的儿子是个“阳光暖男”，我向她请教如何把男孩教育成一个“暖男”。朋友给我讲了这个故事，建议我要像“示弱”的蓝甲蟹那样，做一个“弱”妈妈。

儿子小屹上幼儿园大班的时候，我开始实施自己的“预谋”。那天，我帮他洗澡时，假装腰疼发作。我双手撑着腰，皱起眉头，一个劲喊疼。小屹看到后，担心地对我说：“妈妈，要不我自己洗吧，你快去歇歇。”我有些不放心地问他：“你真的可以自己洗吗？”他说：“应该可以吧。”于是，我扶着墙走出浴室。

大概十分钟的样子，小屹打开了浴室门，“呱唧呱唧”跑过来问我怎么样了。我看到他头发上还在滴水，脚上也是没擦干净的水，衣服胡乱套着，不禁噗嗤笑了起来。小屹看见我笑，认为我没事了，也笑着说："妈妈，你没事了吧？"我藏不住心中的喜悦，笑着说："妈妈没事了，谢谢你，小屹，你都会自己洗澡了，真是太能干了，真让妈妈刮目相看。"小屹开心地跟我说："妈妈，以后我都自己洗澡，这样你的腰就不会再疼了。"

此后，小屹开始自己洗澡，一次、两次、三次……从擦不干净水、胡乱穿衣服，到哼着小曲、从容自如地洗完并穿好衣服。我惊讶地发现，他不仅能够独立完成洗澡这件事情，而且还有了自己的计划，形成了自己的一套程序。

这之后，我时不时地装出弱弱的样子，向小屹求助。"小屹，妈妈头疼，你能不能帮我倒杯水啊？""小屹，妈妈昨天夜班上得太晚了，需要补觉，你能不能把早饭端给我啊？""小屹，妈妈后背好累，你能不能帮妈妈捶捶啊？""小屹，妈妈提不动这个袋子，你能帮我一下吗？"……数不清多少次求助，但回应我的都是甜甜的、有力的"好的"！有时遇到问题，我总是询问他："你觉得怎么样？"或是说："咱们商量一下吧。"又或是："没事儿，已经很好了，下次努力会更好的！"

就这样，小屹越来越勤快了，他会主动帮助我做很多事情，也越来越懂得照顾我。虽然才 9 岁，但他会自己洗衣服，会拖地，会整理玩具，会盛饭，会倒水……学习也越来越有条理，处事能力在快速增长，变得更独立、更有责任感。

有一次，一个突遇的情况，更让我看到了小屹小男子汉般的勇敢和温暖。那是春夏之交的一次雨后，我跟小屹出门散步。湿润的泥土，温暖的天气，让虫子们活跃起来。走到一片草地周围的小道上时，我突然发现很多小虫子在地上乱爬，害怕虫子又有密集恐惧症的我，吓得连连大叫，踮起脚尖迫不及待想躲开。小屹看到这么多虫子，也是一脸紧张。别看他平时喜欢各种虫子标本，但是真正遇到这么多虫子，也着实害怕得很。但是他却拉着我的手对我说："妈妈，妈妈，你别害怕，你跟着我走，我带你走出去。"小家伙话说得干脆，手也紧紧攥着我。我于是"顺从"地躲在小屹后面，紧紧跟着他。他走在前面帮我开道，踩死了不少虫子，最终，带我成功走出了"虫阵"。危险解除，我拍着胸口大口喘气，心有余悸地感谢他，同时问他："小屹，你怎么这么勇敢啊？平时看到虫子你都吓得往后躲，这次你好勇敢。"小屹昂着脑袋对我说："妈妈，你是女生，我是男生，我不保护你谁保护你啊？"我欣慰地笑了。那一刻，我们的手拉得更紧了。

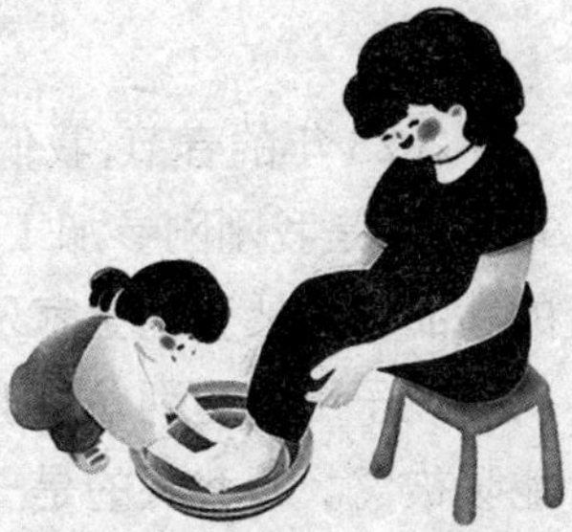

我想，在教育孩子的过程中，父母需要适当"示弱"，这样才能激发孩子的内在潜能。我猜想，一个贴心懂事的小"暖男"的背后，可能从来不是厉声厉色的妈妈，也不是无所不能的超人妈妈，而是一个会撒娇、懂示弱的温柔妈妈吧。

（杜　静）

爱的收获

2023 年的春节，我们家庭成员每人都收到了一份暖心的礼物，那是我刚刚参加工作的孩子赠送给我们 10 位家庭成员的礼品。这让我们全家乐开怀，感受到浓浓的爱意。

孩子给两边两位奶奶买的是电热焐，白天能焐手，晚上能暖被窝。给我买的是一款机械键盘，让我用起电脑来更顺手。给他妈妈买的是一台水果削皮器，工作起来，比手工削皮效率要高很多倍，享受的虽然是他妈妈，可是减轻的是我的劳动量，相当于我收到双份礼品。给他二娘、舅妈买的是护眼仪。给舅舅和二爷买的是水杯。给两个小兄弟买的是智力魔方。礼品都是根据各人需要精心挑选的。

孩子的假期和我们同步，节日期间，我们一家人一起制作美食，品美食，逛街，看电影，过了一个特别欢乐祥和的春节。

过节虽然不上班，但孩子的作息习惯仍然和上学时保持一致，晚上十点半前睡觉，早上七点起床，正常参加体育锻炼等活动，我们还一起绕着小区晨练。

孩子由衷地说："我感谢爸爸妈妈，为我的成长营造了一个比较宽松的环境，更给了我一个受用终身的好习惯。"

我的孩子幼儿园是在企业幼儿园上的。那时我们还在纺织厂里上运转班，孩子上学、放学是邻居帮带的。小学是在家门口的学区小学上的，离家近，从一年级开始，就是自己每天沿着马路边上学、放学。

小升初那年，孩子以一分之差与淮中初中部擦肩而过，上了浦东实验学校。那时，我们已搬新家，仿佛天注定，新家就在学校旁边，孩子仍然不用接送，一人来去。中考时，一向成绩平平的孩子超常发挥，考上了同样是在家门口的另一所重点高中，每天又省去了奔波的辛苦，也省去了我们不少的牵挂。那几年，我还在另外一座城市工作。

三年高中，强手如林，孩子不是那种特别聪明的孩子，基础也不是特别扎实，成绩一直垫底。高考时，意料之中，没有奇迹再发生，他最终上了一所普通的大学。

五年大学，波澜不惊地上了过来。就业初期，考了两个单位，先后失利。第三次考试，终于如愿以偿，走上了心仪的工作岗位。刚参加工作这段时间，孩子谦虚认真，踏实肯干，在疫情防控工作中，坚守岗位，圆满地完成了各项工作。

孩子的学生时代，成绩平平，奖状也没得几张。我们每每心有梦想，也常常苦于现实，心有失落，但回头一想：这是我唯一的孩子，再差也是我的孩子，其他孩子再好，也是别人的孩子，成绩落后一些，我们在其他方面再成长一些吧。作为工薪阶层，我们在生活中厉行节约，把节俭的习惯传给了孩子；假期带孩子回老家劳动，把劳动的习惯传给了孩子；一起去参加志愿活动，把爱心传给了孩子。

可以说，孩子的学生时代，是属于自我管理、自我成长型的。现在有人说，如果我当年更严格一些，不散养，多让孩子上点辅导班，孩子也许在重点中学那段时间能有更大进步，取得更好的成绩。对于这个已过时的问题，我没有后悔，因为我觉得那样也许会有另一种可能，那就是孩子的成绩有可能会上去一点，但习惯一定不如现在的好。当然，孩子现在还算不错的状况，肯定是与他的自我管理、自我成长分不开的。这些好习惯会给他今后的人生奠定一个更加坚实的社会基础。万丈高楼平地起，我相信，这些好的习惯会给他以后的成长带来更多、更大的利好。

人生是一场长跑，需要的不仅仅是爆发力，更是长长久久的耐力。这些耐心、恒心、自信心从哪里来？就是要从生活中来。正确的人生态度、良好的生活习惯、和谐的家庭关系，这些都是我们人生成功的基石，是人生持续发力，快乐生活，事业进步的力量源泉。

（仲启新）

第7章　灯下夜话

让心灵轻舞飞扬

达·芬奇出生在一个还算富裕的律师家庭。他父亲名叫皮埃罗，母亲名叫卡特列娜，可是，就在达·芬奇出生后不久，父母就分开了。达·芬奇的童年是在祖父的田庄里度过的。

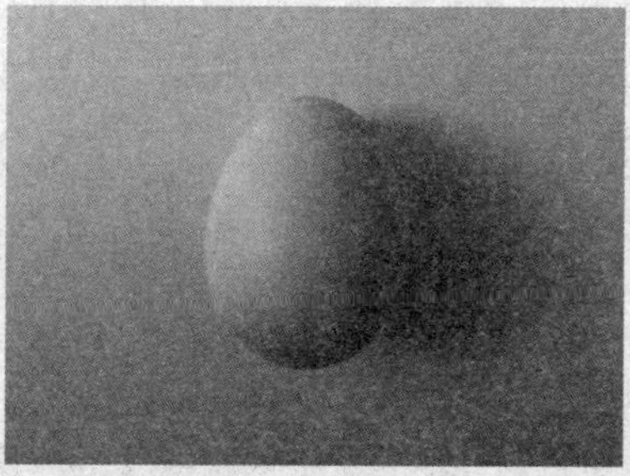

儿童时代的达·芬奇特别喜欢大自然的景色，他经常攀登悬崖，在大自然中游戏。有时，他独自一人坐在草丛中，用心地观看五彩缤纷的花草树木，饶有兴趣地描绘着那些花瓣和树叶的形状。他喜欢钻山洞，进去探索里面的秘密。每次从山洞里走出来时，他身上都弄得脏乎乎的，总是要捉几只小动物出来，带回家里，仔细地观看，并且按照小动物的样子进行描绘。开始画得不像，但是，时间久了，他画的那些东西渐渐有了生气，镇上的人们都称他为“小画家”。

但是，孩提时代的达·芬奇最早是因音乐和歌唱的才能令人称奇和被人看重的。他很早就学会了弹七弦琴，歌也唱得很好。他在米兰的即兴演唱，不论歌词还是曲调，都让人惊叹，并很快就出名了。

少年时代的达·芬奇是个多动的、任性的、有时喜欢捉弄人的顽皮孩子。不仅是画画和歌唱，他仿佛对什么都兴趣盎然。他时而引吭高歌，时而静默沉思，时而解剖动物，时而观测天象，时而构造玩具，时而潜水游泳……不过，他最大的爱好还是画画。在画画的时候，达·芬奇的脑子里常常会冒出一些奇思怪想来，因而他的画有时就真的如儿戏一般，令人哭笑不得。

有一天，小达·芬奇接受一位农民的委托，在一个盾面上作画，他凭借自己丰富的想象力，用了一个月的时间，画了一个妖怪。这妖怪长着火球般的眼睛，张着血盆大口，鼻孔中喷出火焰和毒气，样子十分恐怖。画作完成后，小达·芬奇用窗帘调整好屋里的亮度，把画架竖在光线恰好落在妖怪身上的地方，然后请父亲来到他的房间。父亲皮埃罗推开房门，一眼就看到这个面目狰狞的怪物，吓得大叫起来。小达·芬奇则笑着对父亲说：“我成功了，这就是我需要的效果。”

父亲从此确信儿子有绘画天赋，便将小达·芬奇送往佛罗伦萨，师从著名的艺术家韦罗基奥，开始系统地学习造型艺术。此时的达·芬奇只有14岁。

韦罗基奥是当地一名颇有名气的画家和雕刻家，同时也是个非常严格的老师。教学的第一天，他就让达·芬奇画蛋。让他横着画，竖着画，从正面画，从反面画。达·芬奇画了一天就厌倦了，哈欠连天，但是韦罗基奥却不允许他停下画笔，让他一直画下去，画了一天又一天……

达·芬奇想：画蛋有什么技巧呢？于是向老师提出了疑问。

韦罗基奥回答说："要做一个伟大的画家，就要有扎实的基本功。画蛋就是在锻炼你的基本功啊！你看，1000 个蛋中没有两个蛋是完全一样的。同一个蛋，从不同的角度看，它的形态也不一样。通过画蛋，你就能提高观察能力，就能发现每个蛋之间的微小差别，就能锻炼手眼的协调能力，做到得心应手。"

达·芬奇听后觉得很有道理，从此他潜下心来，更加认真细致地画蛋。

达·芬奇在韦罗基奥的作坊学艺时，逐渐表现出了非凡的绘画天才。1470 年左右，他在协助韦罗基奥绘制《基督受洗》时，虽然只画了一位站在基督身旁的天使，但其神态、表情和柔和的色调，都明显超过了韦罗基奥。现存他最早的作品《受胎告知》，构图虽没有创新，但背景中对山水的描绘却已注意到了空气氛围的表现。这表明达·芬奇一开始就致力于解决写实与典型加工的辩证关系。稍后创作的《吉内夫拉·德本奇像》，一反 15 世纪艺术追求线条分明的传统，以逆光夕照的色调渲染他所倡导的透视效果。1481 年创作的《三贤王的膜拜》是标志达·芬奇艺术风格达到成熟期的作品。该画虽由于他动身去米兰而没有完成，但从原稿上可以看出其构图和形象塑造所显示出的艺术创新，大大超越了他的老师和同辈。

达·芬奇并不满足于他的这些成就。

有一次，他在山里迷了路，走到一个漆黑的山洞前。他在后来回忆这段经历时说:“我突然产生了两种情绪——害怕和渴望:面对漆黑的洞穴感到害怕,又想看看其中是否会有什么怪异的东西。”

对不可知、无力探知的神秘感的追求,以及对它们的揭示研究贯穿了达·芬奇一生。少年时期的达·芬奇下定决心:要做一个研究者、一个老师、一个发明家,更要做一个艺术家。他做到的比自己预期的更多,也比任何人都出色。

(庄　斌　陈彬铨)

一个沾满棉絮的紫薯

女儿上初中的时候，学校离家有点远，我和孩子爸爸商量让她住校，却又担心孩子不接受。我们自认为孩子没离开过家，住校恐怕难适应，其实我们也是万般不舍和担忧，却也无可奈何。我和孩子爸爸为此准备了多个说服孩子的方案。

中午我做了几个孩子爱吃的菜，吃饭时我对女儿讲她要上初中了，即将迈出成长的新步伐，我们真替她高兴！这么些年她一直陪伴在爸爸妈妈身边，带给爸爸妈妈很多欢乐，尤其是妈妈每天晚上怕黑，多亏了有宝宝陪护，妈妈才不害怕，安稳睡觉，天天好梦。

女儿听我夸赞她的功劳，满脸的自豪、得意，一边美滋滋地享受她的美食，一边笑呵呵地看着我，眼睛眨巴眨巴，似乎在说："夸吧，继续夸，我很受用。"我观察着她的表情接着说："妈妈虽然很依赖宝宝，但妈妈要像宝宝一样坚强、独立、勇敢。"女儿一听更得意了，因为她成了妈妈的榜样，她还不忘鼓励我："妈妈，你一定能做到的。"我也应和道："那必须的！"接着我话锋一转，解释道："因为学校离家远，宝宝得住校，不能每天陪着妈妈了。"

女儿听说要住校，愣了一下，小嘴就噘起来了，刚刚被夸赞的成就感突然就没了。还没容她发表意见，我接着说："但你放心，我和爸爸都会把自己照顾得好好的，不让宝宝担心！我相信宝宝也会像平时照顾妈妈一样，把自己照顾得好好的。”女儿一听，妈妈眼里如此强大的小姑娘怎么能害怕住校呢？就勇敢地答应了，还不忘嘱咐我天黑了早点睡觉，不要害怕。

女儿就这样乖乖去住校了。过了大约四天，我和她爸爸不放心，下班后一起去学校看看她。当时孩子们吃完饭正坐在教室里休息，我们走在教室的走廊里，看到女儿坐在窗口的位置发呆。我们叫了一声她乳名，她瞬间转头，看到我们，还没说一句话，却“哇”地一声大哭起来。她从教室里走出来，我抱着她，拍拍她后背安慰她。此刻我明白她的心情，很心疼却假装轻松又不解地问：“宝宝怎么啦？”女儿抽泣着说：“妈妈，我想家，我想在家陪你。”我呵呵一笑：“不行呀，妈妈要工作，你要学文化，我们都有自己的分内之事要做，我负责做个好职工，你负责做个好学生。我们一起努力，好不好？你不在家这些天，我已经学会了勇敢，不怕黑了。”

女儿把泪水、鼻涕糊了我一身说，只要我不怕黑就好，她就是担心我天黑了害怕。快要上课了，我让她进班级等老师。她依依不舍地刚转身，突然好像想起了什么，又走回来，从衣兜里掏出一个什么东西递到我手里说：“快吃，紫薯，很甜！”我接过来一看，紫薯的外皮沾满了衣兜里的棉絮，还带着她的体温。放在一般情况下，我是不能接受一个沾满杂质的紫薯的，但此刻我竟嫌弃不起来，还满心的感动。我问女儿哪来的，她说是学校周三早餐发的，每人一个，她想起妈妈爱吃紫薯就没舍得吃，等放假带给妈妈吃。

握着这个在女儿衣兜里揣了两天的紫薯，我忍不住，眼泪就下来了。小孩子对食物没有保质期的概念，只想着把好吃的留给妈妈，因为在她心里，孝心是永远不会过期的。我把紫薯掰成两半，和她爸爸一人一半，一边品尝一边夸赞真甜。我跟女儿说，以后有好吃的自己吃，不用留给我们。我们在家里，好吃的东西很多。没想到女儿却说不行嘛，她小时候看到我们给她爷爷奶奶吃好吃的，爷爷奶奶总是边吃边笑，她也要和我们分享好东西。

女儿这番解释真把我惊讶到了，因为公公婆婆在我女儿不到六岁时就去世了。她居然还记着与爷爷奶奶相处的时光。一旁的爸爸听到女儿提到爷爷奶奶的往事也不禁酸了鼻子。

我真没想到，不经意的生活日常会给孩子留下如此深刻的印象，并影响着她的成长！我和她爸爸催她快进班级，许是分享给我们紫薯令她又多了一份成就与满足，她欢快地和我们挥手作别，走进了教室。

此后，在孩子三年的初中住校生活里，她一直表现得独立、自强，我们也会时不时收到她带给我们的小礼物：咬过一口的苹果，因为比平常吃的果子更甜一点，就舍不得再吃，要带给爸妈；一块揣在衣兜里捂得稀烂的巧克力，因为同学分享给她时说是进口的，就默默揣进衣兜，必须让爸妈一起尝尝……

现在女儿上高中了，伴随着年龄的增长、学业的进步，她的为人处世也在不断地成长提升，她变得越来越有主见，一般不再需要我们去哄、去引导了。而我们能做的仅仅是做好自己，不让一个越来越懂事的孩子为我们家长的言行操心，甚至蒙羞。我们要给她更多、更好的家风传承，令她自豪、自信地做人、做事。

（陶旭莉）

第8章　家教文萃

正视问题，让孩子勇于承认错误

那天放学，儿子闷闷不乐地回到家，默不作声地去做作业了。我估计他在学校可能犯错误了，也没问他。

半小时后，他爸爸做好晚饭，大家围坐在一起吃饭。我夹了一个鸡腿给他，他头也不抬地说了声“谢谢”，又闷头吃饭。

我故意问儿子：“你怎么了，不舒服吗？”

儿子说：“没有啊。”

我笑着说：“儿子，是不是在学校犯错了？平时能说会道，今天怎么不作声了？”

儿子头也不抬地说道：“没有。”

“没事的，有什么事要和爸爸妈妈说，我们一起来商量啊。”我说道。

儿子沉默了一会儿才说道：“和王越打架了。”

“哦，为了什么事？”我认真道。

“今天是我们小组值日，大多数同学走了，我们在打扫教室。到了王越那里，他在做作业，我催他站起来让我先打扫，说了两次，他不理不睬。然后我拉他，他生气了，和我扭在一起了，我把他胳膊抓红了，他就哭着去报告班主任了。”

“班主任来了没?”我问道。

“我扫完了也就回来了，不知道班主任有没有来。”他嘟囔道。

“现在冷静下来了，你反思一下，今天的事，你觉得哪些地方不妥?”我和声细语地问道。

“其实，我不应该那么急着拉他起来，或许再等一下，他就让我打扫了。”他自责道。

“是啊，说不定他正在写一个字，或者正在解答一道题，没注意你在叫他呢。无论是打扫卫生还是回家，相差三五分钟又有什么关系呢?”我说。

儿子惭愧地低下了头。

“妈妈帮你出个主意，吃完饭去打个电话给班主任，把前因后果说清楚，然后主动承认自己的错误，你看行吗?”我问道。

儿子沉默不语。

“有了勇于认错的勇气，才有改正错误的决心，人不可能不犯错，但是只要改了就行了啊。”我鼓励道。

儿子想了一会说:“好吧。”

“那就行了，先好好吃饭吧。”我说。

儿子没了心理负担，吃饭也就香了。

吃完饭，儿子拨了班主任的电话。

班主任要他以后做事不要急躁，明天到了学校后先和王越同学认个错。

第二天放学回家，儿子告诉我们，早上主动和王越认了错，王越表示他自己昨天也有不对的地方。

“王越胳膊上的伤痕呢？”我问道。

“没有伤痕，抓红的地方恢复了。”儿子说。

“以后做事不能急于求成，也要站在他人角度来考虑。自己做错了事情，更要勇于承认错误，多反思，学会内省，争取下次不犯错。”我循循善诱道。

儿子红着脸频频点头。

莎士比亚曾说过：“一个人知道了自己的短处，能够改过自新，就是有福的。”作为家长，我们应该注意培养孩子勇于认错的品质。孩子犯错是正常的，但家长不能置之不理，敷衍了事，而要让孩子认识到自己的错误，在此基础上教会他们改正错误，反省自身，从而让孩子缓解犯错的紧张情绪，让他们明白犯错并不可耻，只要能改正，就是好孩子。

（陶　漪）

给孩子送上一把远飞的伞

假日里，我坐在电脑桌前，时而敲打着键盘，时而凝神屏息思考，女儿在厨房里忙着做饭。一会儿工夫，饭香味飘了出来。“开饭啦!”女儿喊了一嗓子。“好咧!”我伸了伸懒腰，敲打着胳膊站起来，准备吃饭。不想，一阵敲门声让我停下了正欲迈向饭厅的脚步。打开门，一位同事来串门了，我便邀请他一起吃饭。看着餐桌上有些简陋的饭菜，他指责我糊弄孩子。这时，女儿从厨房探头出来：“王老师，这是我做的饭菜。”同事惊讶地张大了嘴，随后对我家女儿啧啧称赞，羡慕之情溢于言表。同时，开始埋怨他的女儿已经20多岁了，却整天什么活儿也不干。同是女儿，差距怎么就这么大呢？面对同事的感叹，我半开玩笑半认真地说：“你太勤快了!”

很多家长总是太勤快，有着太多理由不让孩子做家务。孩子上学前，觉得孩子年纪小做不好，还嫌孩子越帮越忙，倒不如不让他们做；孩子上学了，担心做家务会耽误他们学习，更不让他们做。久而久之，父母就沦为孩子们的“保姆”，孩子的衣物要大人洗，孩子的房间要大人收拾，就连吃饭，都是大人们把饭菜端到孩子的面前。大人们忙得团团转，孩子们则如同王子、公主般坐享其成。常有人问：“现在的孩子怎么了?”却从来没有想过，正是家长的勤快造就了一批“懒孩子”。

如此“懒孩子”，长大后、工作后会怎样？美国哈佛大学的学者们进行了20多年的跟踪研究后，得出了一个惊人的结论：爱干家务的孩子与不爱干家务的孩子相比，长大后的失业概率为1∶15。更出乎人们意料的是，那些认为“只要学习好，做不做家务都行”的家庭中，子女成绩优秀的比例仅为3.17%，而持有“孩子应该做些家务”观点的家庭中，子女成绩优秀的比例则为86.92%。

在媒体的报道中，我们曾看到过考上名校的“神童”因为生活自理能力太差，而被学校退学；还有的孩子上大学后，吃煮鸡蛋时竟然不知道怎么剥壳。某县妇联曾对一所重点中学高一学生做过调查，从来没有洗过衣服的学生占79%，不会或不敢使用电饭锅、液化气的占67%。由此可见，青少年家庭劳动教育缺失问题，值得我们重视和关注。

纪录片《狐狸的故事》讲述了这样一个故事：初秋的早晨，狐狸的爸爸妈妈像往常一样领着孩子们走向了草原的深处，在一处草木茂盛、小溪流水的地方停了下来。狐狸爸爸妈妈围着孩子转了两圈，然后头也不回地向远处飞奔而去……它们把自己的孩子狠心地“扔”在变幻莫测的草原上，但是它们早已把生存的本领教给了小狐狸们。

我们不可能像狐狸那样“狠心”地把自己的孩子“扔”在野外，也不可能照顾孩子一辈子，但我们可以在孩子还小的时候，陪着他们做他们该做的事情，不过度关注他们，照顾他们。就像我们小时候那样，大人们都忙着工作、忙着劳作，没有很多的时间照顾我们。我们从小学到高中都是自己上学、放学，父母从没有接送过；我们都是自己解决温饱问题，甚至还能送饭给忙于工作的父母。正是因为父母无法太多地顾家，反而造就了“勤快”的我们。而今，我们已身为父母，还要一如既往地“勤快”下去吗？当我们老了，走不动了，才猛然发现孩子已经“懒”得不成样子了，到那时为时已晚。

我不禁想起一首小诗：秋／蒲公英老了／子女问／有什么遗产／母亲默默地给每个孩子／送上一把远飞的伞。

虽然现在不会做饭可以叫外卖，不会做家务可以找家政，但这些外力只能解决一时之需，却不能解决一辈子的生活问题。所以说，给孩子撑起远飞的伞吧！让他们带着这把爱意浓浓的大伞独立自由飞翔，飞到更远、更高的地方……

（左宪法）

请耐心等待孩子的慢成长

作为教师，我很期待自己教的学生，个个成绩优异，善解人意，遵章守纪，才能突出。我很体谅家长那种望子成龙的迫切心情，很理解家长那种期待自己的孩子出人头地、独占鳌头的心态。但我更想提醒教师和家长们：请耐心等待孩子的慢成长。

每一个孩子都是独特的个体，每一个孩子都是独一无二的，每一个孩子都有适合自己的发展途径，每一个孩子都有自己未来的位置，不是每一个孩子都是同时成长的。可以讲，那些快成长的孩子发展的机会当然多，然而，那些慢成长的孩子的发展机会也不一定少。我们不能用同一个标准去要求每一个孩子。如果我们用齐步走的方法去要求每一个孩子，那肯定是不行的。

每一个孩子都有自己独特的发展和机遇，每一个孩子都有自己成长的节奏，那种拔苗助长的教训值得我们牢记。事实上，孩子的特长之所以是特长，就是因为孩子与别人的不同。“莫欺少年穷”的警示和“塞翁失马，焉知非福”的故事，应该让我们在心态失衡的时候能够保持一点儿清醒。

一年四季，每一个季节都有不同的花儿展示自己的芬芳，每一个季节都有属于自己的美丽花儿，每一朵花儿都有自己独特的美丽。一月梅花，二月迎春，三月桃花，五月石榴，八月桂花，请问，有谁能够说，这些不同月份开放的花儿，哪些花儿更美？难道我们会因为花儿开放的时间未到而冷落它们？同样，如果让我们去比较那些不同的孩子，到底是哪一个孩子更好？这是一个无法得出的答案。其实，如果我们认真想一想就会明白，难道因为一个孩子考试多考几分，我们就能断定这个孩子比别的孩子更优秀？难道那些所谓调皮好动的孩子，我们就能断定他们的未来发展不好？

如同花儿，每一个孩子都有自己展示的时节，就算一些孩子暂时成长得好像慢了一点，然而这些在我们看来的慢，却可能是孩子成长的积累。只要有合适的机遇，这些孩子就会展示自己的精彩。请耐心等待孩子的慢成长！

（周建洋）

第 9 章　忘年文苑

“三花”赋

我喜欢洋槐花、菜花和荷花。

这种喜欢不是与生俱来的，而是在经过了人生的崇山峻岭、江河沟壑，终于在年龄的港湾里泊住脚后，方晓得这是早在我潜意识里生长出来的，且愈发浓烈的情愫。

我之所以喜欢洋槐花、菜花和荷花，缘于它们是我精神之一份寄托，生活之一壶老酒，信念之一种坚持，心灵之一掬升华。

洋槐，乔木，树干挺直，木质坚硬，可作房料、锹柄、镰刀柄等。其叶柄长有短刺，又叫刺槐，属豆科。洋槐花每年 5 月吐蕊，像白葡萄串那样一串串地挂在树上，引来众多蜜蜂采蜜。洋槐花蜜是上好的蜂蜜。我与洋槐花结缘是因在洪泽农村当知青的那六年。每年春夏之交，“昼长夜短”“青黄不接”，干农活体力消耗大，为了果腹，当地农民便带着长竹竿，去生产队西边三河公社的一条排涝河边的洋槐树林里打洋槐花。洋槐花拿回来后，用开水焯一焯，和上麦麸烙饼，或与韭菜同炒当菜，或掺在稀饭里一同煮……

洋槐花甘甜清香，当年是充饥佳品，现在则很难见到。前些年游盱眙铁山寺时，见到山路旁有卖干洋槐花，我如获至宝地花10元买了两袋干洋槐花，回家用水泡后炒韭菜，找到了当年的那种感觉。

菜花，是农民每年的希望之花。春野是春花竞放的世界。而春天洪泽的农村数菜花最为轰轰烈烈、炫目养眼。放眼望去，广袤田畴，黄绿相间，麦苗青青，菜花金黄；走近村庄，沟边渠旁，屋前屋后，香馥心脾。菜花丛中，蜜蜂嗡嗡，时起时落，优哉游哉。

现在，喜爱菜花的人愈来愈多，这或许与我们这个欣欣向荣的时代相关，菜花的金黄象征着生机勃勃、兴旺发达吧。每年菜花盛开的婺源等地，竟能引得国内蜜蜂般的游人前往踏青、赏花、拍照，在金黄的花海中津津有味地采集、品咂生活的甜蜜。

菜籽榨油可润肠泽胃，寻常青菜能佐餐充饥。菜花开放，花谢结籽，无疑是给农民留下新的生命和希望。在乡下几年，少见农家整棵薅菜，而是掰其四周的茎叶，留下菜心让它继续生长，省去栽种的繁复。这是当年洪泽农村原生态生活的一部分。

对花的初心始于这两种素花淡蕊。随着时空的变换，各种各样的花纷至沓来。大红大紫、大富大贵的有之，婀娜妩媚、风情万种的不缺……有过多年世事历练的我，不忘洋槐花和菜花，又像周敦颐那样深深爱荷。爱荷花的超然脱俗，爱荷花的香远益清，爱荷花的中通外直，爱荷花的出淤泥而不染……

这里，我不是苟同周敦颐，而是有着心心相印般的共鸣、共振、共勉。荷花当为花中君子，其形态丰满而不臃肿，大度而不张扬，气宇轩昂而不骄奢，紧紧呵护着花蕊，孕育子嗣。荷叶腼腆地敞开胸怀汲取阳光，与水一道，上下输养，成就上蓬下藕的制造工程。正如一诗："青荷盖绿水，芙蓉披红鲜。下有并根藕，上有并头莲。"

哦！一汪藕塘、一泓莲湖，白色、粉红色的荷花，或绽放，或含苞，亭亭玉立于莲的绿叶丛中。清风拂过，微波荡漾，莲田摇曳，仙气飘然。

每每遇到厄难，我总会思起洋槐花、菜花……面对是非曲直，我就会想到荷花……

我喜欢洋槐花、菜花和荷花，三花让我初心永固。

（郭应昭）

第 10 章　教师手记

用力舒展的叶子

“李老师，我根本不是学数学的料，我这头脑笨死了！”黄小伟突然推开面前的习题册，像泄了气的皮球，往后一仰，一脸沮丧。

我心里一颤，这孩子怎么遇到这么一点困难就打退堂鼓，以后还怎么面对人生的挫折和坎坷？黄小伟数学成绩不大好，我发现他存在的主要问题是学习马虎，不认真，甚至有些懒惰，如果克服了这些缺点，他会有很大进步的。针对他存在的这些问题，那天放学后，我将黄小伟留下来，想给他补习一下，并让他做几道题。做了几次没做对，他一下没了劲，想逃避困难。想到这，我摸了一下他的头，说道：“老师带你出去走走，好吗？”黄小伟听说不做习题了，高兴地站了起来，说道：“好！”

走到校园的一棵树下，我指着这棵树说：“小伟，你看那些树叶有什么特点？”

黄小伟看了看那些树叶，瓮声瓮气地说：“那些树叶不都是一样的吗？”

我轻轻地抚摸着一枚树叶，说道：“你看，这些树叶，无论是大还是小，它们都在用力舒展自己的身体，让绿色尽可能多地展现出来。这些树叶都很努力，就算是这枚指甲大小的树叶，也没有因为自己小而自惭形秽，而是依然用力舒展自己的身体，这就是树叶的一种精神。”

黄小伟听我这么一说，立刻仔细观察起来，他看了一会儿，兴奋地说道：“李老师，听您这么一说，我才发现这些叶子真的是在用力舒展自己的身体呢，我过去从没有注意过！”我爱怜地摸了一下他的头，说道：“其实我们应该向树叶学习，学习树叶的这种精神，无论是大还是小，都用力舒展自己的身体，这才难能可贵！”

黄小伟若有所思地望着树上的那枚树叶，突然，拉着我的手说：“李老师，我们到教室去！”

我故意问道：“到教室干什么？”

黄小伟认真地说：“到教室做习题，我要向树叶学习，只有用力舒展自己的身体，才会健康、茁壮地成长。”

我为黄小伟的聪慧和机灵感到无比高兴。一个形象的释疑，就让他悟出努力学习的重要性。

我惊喜地发现，从此，黄小伟开始变了，变得刻苦、认真起来，遇到不懂的问题就问。有时为了弄懂一道题，教室里的同学都走光了，他还在聚精会神地学习，直到将题目做对为止。

黄小伟的刻苦、努力，为自己带来可喜变化，他的数学成绩在稳步提高。在他的带动和影响下，班上的同学都在认真、努力地学习，班级的精神面貌焕然一新。

后来，我看到黄小伟写的一篇作文，题目是《用力舒展的叶子》。文章中有这么一段话：无论是大还是小，叶子总是在用力舒展自己的身体，它们没有因为自己小而自惭形秽，也没有因为自己大而扬扬得意。专注、谦虚、内敛，是叶子的品格，也是叶子的一种精神。我要努力做一枚用力舒展的叶子。

（李良旭）